27개 테마로 재밌게 달리는

구석구석 서울 RUN

성상현 지음

세계 6대 마라톤 완주자가
직접 뛰어보고 알려주는 오감만족 러닝 코스

이미츠

달리지 않으면
맥주는 없습니다.

프롤로그

잘 오셨습니다.

달리기는 처음이라고요? 괜찮습니다. 저를 천천히 따라오면 됩니다.

당신은 상점과 식당이 일찍 문을 닫고 밤의 긴 시간을 대부분 집에서 보내는 나라에서 살다가 다이내믹 코리아의 활기찬 저녁 시간을 본 젊은 외국인처럼 놀랄지 모릅니다. 달리기도 얼마든지 재미있게 할 수 있다는 걸 알면요.

언젠가 한 번은 들어봤을지도 모를 '러너스 하이(Runner's High)'나 '달리기의 의미' 같은 것들은 조금 나중에 생각합시다. 달리다 보면 저절로 알게 되거든요.

달리기 전에 먼저 빠르게 걸어봅시다. 걷다 보면 내 걸음이 일정한 리듬으로 움직이고 있다는 걸 알게 될 거예요. 왼발, 오른발, 왼발, 오른발… 메트로놈만큼 정확합니다. 다음에는 걸음의 리듬에 맞춰 숨을 쉬어 봐요. 후, 하, 후, 하. 머지않아 걸음과 호흡이 같은 리듬으로 진행될 거예요.

혹시 운전을 처음 배울 때를 기억하나요? 앞만 보고 직진만 했다고요? 이때는 도로 주변의 풍경이나 자동차 라디오에서 나오는 음악 소리가 잘 안 들렸을 거예요. 하지만 운전 실력이 늘면 차창 밖의 풍경이 보이고 차에 흐르는 노래 가사도 들리게 돼요. 내 의식이 걸음과 호흡이 호응하는 리듬에 익숙해지면 바람의 느낌, 햇볕의 따스함, 자연의 아름다움, 그 자연 안에서 숨 쉬며 걷고 있는 내가 보일 거예요.

이제 달려봅시다. 속도는 생각하지 말아요. 그냥 '이 빠르기면 적어도 걷는 거는 아니야'라는 느낌이 드는 속도면 됩니다. 잘했어요! 500미터를 달렸네요.

이 정도면 첫 달리기로 충분합니다. 앞으로 더 멀리, 더 오래 달릴 수 있습니다. 구석기 선조들의 달리기 본능이 우리 몸 안에 숨어 있거든요. 지금 우리는 잠자고 있는 그 본능을 깨우는 중입니다.

이틀이 지났네요. 어제는 달리지 않았으니까 다리는 충분히 쉬었을 거예요. 참, 무슨 운동을 좋아하세요? 프로 야구요? 집이 고척스카이돔 근처라고 했죠? 오늘은 야구장까지 달려서 가봐요. 예전에는 버스를 타고 갔다고요? 지도 앱으로 거리를 확인해 볼게요. 2km라고 나오네요. 그럼 우리 안양천을 따라서 천천히 달려가 봐요. 야구 얘기를 하면서 가면 금방 도착해요. 어때요? 생각보다 빨리 도착했죠? 역시 야구 이야기는 재미있네요.

"아름다운 여성과 함께하는 한 시간은 일 분처럼 흘러가지만, 뜨거운 난로 위에 손을 올리면 일 분이 한 시간처럼 흘러간다. 그게 바로 상대성이다." 아인슈타인이 1929년 〈뉴욕 타임스〉에서 한 말입니다. 우리는 이제 달리기에 상대성이론을 적용할 거예요. 내가 좋아하는 사람과 이야기를 주고받으면서 달리면 시간이 빨리 흐릅니다. '언제 이렇게 시간이 빨리 갔지?' 하고 느낄 겁니다. 어때요? 이제부터 좋아하는 것을 하면서 달려 봅시다. 달리다 보면 좋아하는 것들이 새롭게 생길지도 모르겠네요.

이제부터 제가 좋아하는 것들로 테마를 정해서 서울이라는 멋진 공간을 달렸던 이야기를 해드릴 겁니다. 좋아하는 것을 찾다 보니 가고 싶은 곳이 점점 많아지게 되었고, 달리는 거리도 점점 늘어나게 되었습니다. 러닝 동료와 친구, 가족과 함께 달리면 더더욱 즐겁습니다. 같이 달리고 같이 먹고 같이 즐거워하시기를 바랍니다. 서울에는 달려서 갈 수 있는 매력적인 곳이 생각보다 많아요. 자, 그럼 함께 출발해 볼까요?

목차

1. 일상 속에서 달리기

Start!

mission 01 — 12
커피 런
시작과 끝을 카페로 정해서 달려보세요

mission 02 — 23
빵 런
빵지순례(빵집 성지 순례)를 다녀오세요

mission 03 — 28
의정부 부대찌개 런
여의도부터 달려서 의정부에서 부대찌개를 드세요

4
프롤로그

mission 07 — 51
우중 런
비 오는 날 비 맞지 않고 10km를 달려보세요

mission 06 — 42
대학 탐방 런
달려서 서울 안의 대학교를 다녀오세요

mission 05 — 38
무모한 런
전철과 100m 달리기 시합을 하세요

mission 04 — 32
지하철 런
서울의 지하철역을 연결해 코스를 만들고 직접 달려보세요

2. 자연과 함께 달리기

56
칼럼 ①
재미있고 지속 가능한 러닝을 만드는 방법들

58
칼럼 ②
행복한 달리기

60
인터뷰 ①
러닝 크루의 사회 공헌

mission 08 — 66
남산 런
남산 둘레길을 달려보세요

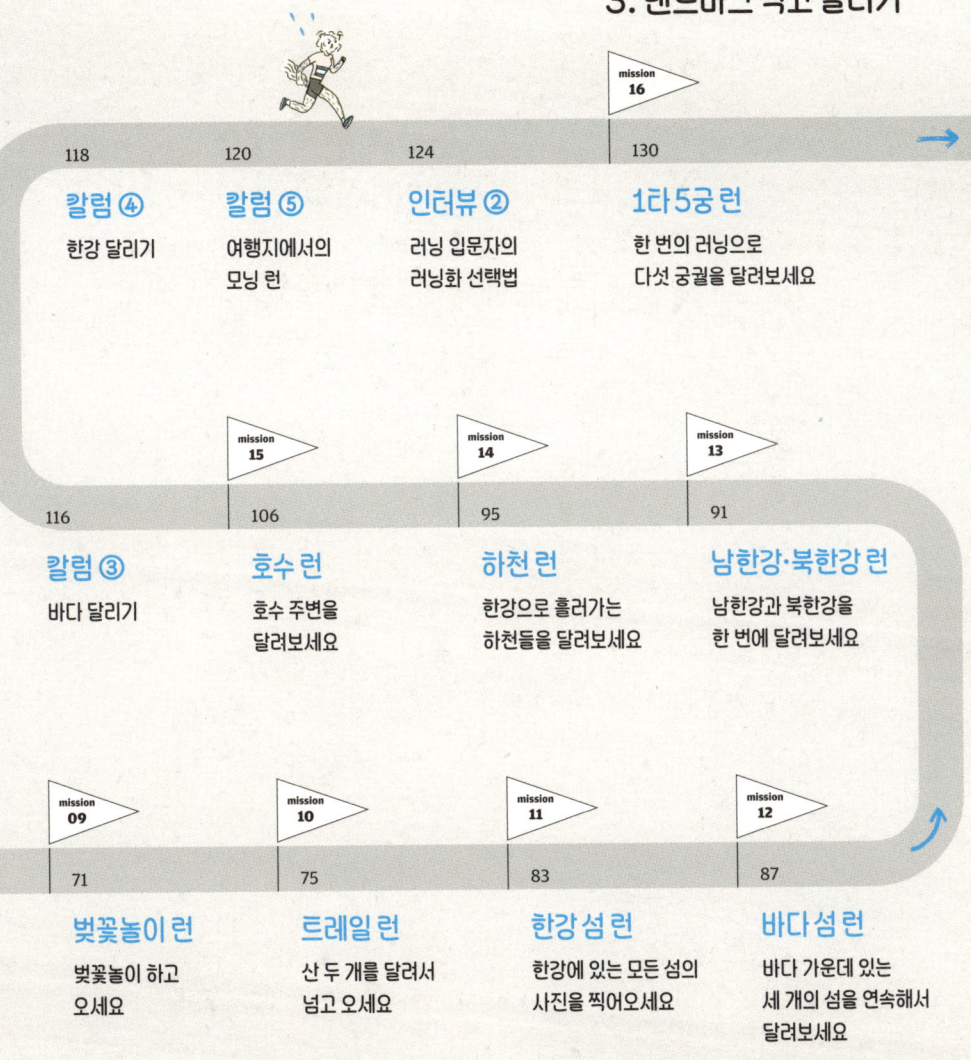

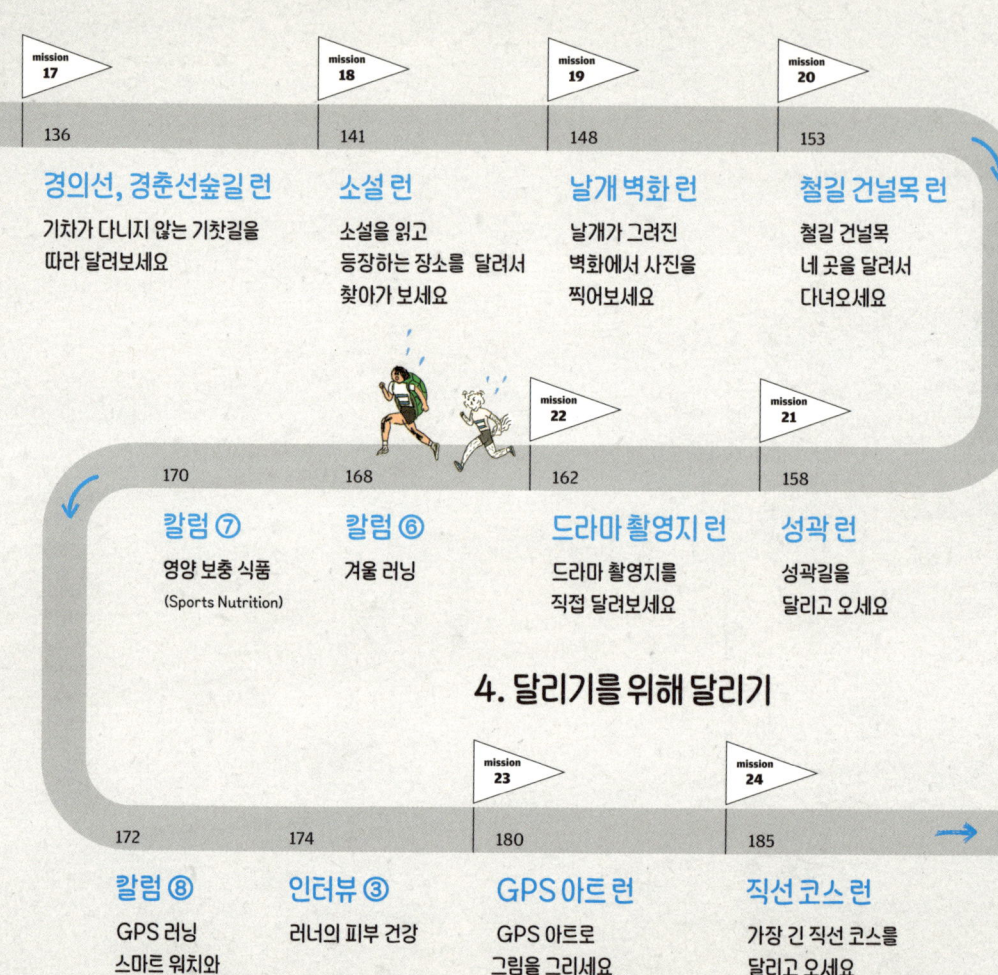

4. 달리기를 위해 달리기

mission 17 — 136
경의선, 경춘선숲길 런
기차가 다니지 않는 기찻길을 따라 달려보세요

mission 18 — 141
소설 런
소설을 읽고 등장하는 장소를 찾아가 보세요

mission 19 — 148
날개 벽화 런
날개가 그려진 벽화에서 사진을 찍어보세요

mission 20 — 153
철길 건널목 런
철길 건널목 네 곳을 달려서 다녀오세요

mission 22 — 162
드라마 촬영지 런
드라마 촬영지를 직접 달려보세요

mission 21 — 158
성곽 런
성곽길을 달리고 오세요

170 — **칼럼 ⑦** 영양 보충 식품 (Sports Nutrition)

168 — **칼럼 ⑥** 겨울 러닝

172 — **칼럼 ⑧** GPS 러닝 스마트 워치와 스마트폰용 러닝 앱

174 — **인터뷰 ③** 러너의 피부 건강

mission 23 — 180
GPS 아트 런
GPS 아트로 그림을 그리세요

mission 24 — 185
직선 코스 런
가장 긴 직선 코스를 달리고 오세요

222
인터뷰 ④
러너의 부상
원인과 예방

226
에필로그

Finish!

219
칼럼 ⑪
마라톤 풀코스 대회
준비물 리스트와 비 올 때
추가로 준비해야 할 것들

218
칼럼 ⑩
장거리 달리기의
착지법

212
칼럼 ⑨
러닝 트레이닝

mission 25

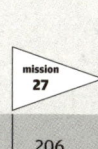

mission 26

mission 27

189
육상 트랙 런
육상 트랙을 찾아
달려보세요

200
국내 마라톤 대회
국내 3대 메이저
마라톤 대회에 참가해 보세요

206
세계 마라톤 대회
세계 6대 마라톤 대회에
참가해 보세요

mission 01

시작과 끝을 카페로 정해서 달려보세요

커피 런

오늘의 커피 런 출발!

커피 리브레 연남점

커피 한 잔을 마신 후 달리기를 시작해서 커피 한 잔으로 달리기를 마무리하는 커피 런. 오늘의 커피 런 출발 지점은 연남동 〈커피 리브레〉입니다. 카페가 문을 열자마자 첫 손님으로 들어가서 핸드드립 커피를 마십니다. 산미와 단맛의 밸런스가 좋은 커피의 여운이 입 안에 오래 머무릅니다. 여유 있게 담소를 나누면서 커피를 마시면 좋겠지만 담소는 도착 지점으로 정한 카페에서 나누기로 하고 출발합니다.

안산 자락길 메타세쿼이아숲

첫 번째 경유지는 안산 자락길에 있는 메타세쿼이아숲입니다. 키가 큰 나무들 사이를 달리는 기분이 좋습니다. 머리 위로 펼쳐지는 파란 하늘과 초록의 나무가 어우러진 광경도 좋아요. 안산(鞍山)은 서울 서대문구에 있는 산의 이름입니다(경기도에 있는 도시는 안산安山입니다). 안산 자락길은 둘레길 코스로 걷고 달리기에 편리합니다. 봉원사를 지나서 안산 자락길로 올라갔습니다. 완만한 경사로에 데크가 잘 깔려

주말에는 산책하는 분이 많아요. 달릴 때는 보행자가 불편하지 않게 최대한 조심하면서 달려주세요. 걷는 분들 옆으로 빠르게 달려서 지나가면 간혹 놀라는 분들이 있어요. 보행자 앞에 있으면 속도를 줄여서 달려주세요.

일상 속에서 달리기

있고 급격한 오르막도 별로 없습니다. 오르막이 힘들게 느껴지면 편하게
걷는 것도 좋습니다.
안산의 최대 장점은 훌륭한 서울 전망 장소라는 것입니다. 남산서울타워도
잘 보이고 통일로를 대칭으로 하여 마주 보고 있는 인왕산과 한양도성
순성길도 잘 보입니다. 자세히 보면 한양도성 순성길을 오르고 있는
등산객도 보여요. 안산 중턱에서는 서대문 형무소의 전체 모습이 보이고
안산을 내려오면 서대문 형무소를 가까이서 볼 수 있습니다. 그다음
독립문을 지납니다. 독립문을 통과하는 장면을 동영상으로 남겨도 좋고
독립문 앞에서 파란 하늘을 배경으로 사진을 찍어도 좋습니다.

봉원사 　　　　　서대문 형무소 　　　　　한양도성 순성길 　　　　　독립문

사직터널을 통과해서 인왕산 자락길 쪽으로 향합니다. 인왕산은 최근에 야간
등산(줄임말로 야등)의 매력이 알려지면서 인파가 몰리는 곳입니다. 한양도성이
복원되고 등산로가 정비되면서 주말 등산객도 폭발적으로 늘어났습니다.
도로에서 차 막히는 장면은 익숙하실 테지만 사람 막히는 인왕산 등산로
장면은 생소하실 겁니다. 인왕산 자락길은 업다운(Up & Down)이 있지만, 잘 닦여
있어 트레일 런 느낌으로 즐길 수 있습니다.
옥인동 쪽으로 내려오면 겸재 정선의 그림으로도 잘 알려진 수성동 계곡이
나옵니다.

달달한
버터 크림이
듬뿍

옥인동을 지나 도착 지점인 〈통인동 커피공방 위켄드〉까지 달렸습니다. 땀도 흘리고 체력도 소진되었기 때문에 물을 한 잔 마신 후 달달한 버터스카치라떼를 주문했습니다.

참고로 달리기 대회에 참가하거나 장거리를 달리기 전에 고카페인 음료나 커피를 마시기도 합니다. 카페인이 부스터 역할을 해주거든요(각성 효과도 있지만 이뇨 작용도 있어서 많이 마시면 번거로운 일이 생길 수 있습니다).

안산 자락길에서 바라본 풍경

출발과 도착 지점 사이의 경유지로 안산과 인왕산 두 개의 산을 넣었습니다. 산 두 개를 경유하는 것이 부담스러우면 코스에 산을 한 개만 포함하거나 아니면 산을 거치지 않고 도심을 가로지르는 직선 코스를 짜도 됩니다. 저는 즐거운 러닝을 지향하기 때문에 눈과 입이 즐거운 곳을 코스의 경유지로 넣습니다.

제가 선정한 카페들은 스페셜티 커피를 마실 수 있는 카페입니다. 유명한 카페들이 모여 있는 곳은 서울 중심(종로구와 중구), 서쪽(연남동), 동쪽(성수동) 등 주로 강북 지역이었습니다. 그래서 커피 런 코스는 대부분 강북의 동과 서를 출발과 도착으로 놓고 중간 경유지로 랜드마크를 끼워 넣어 기획했습니다.

성북천

청계천 존치교각

서울숲 한강 전망대

청계천

물론 강남에서 시작해서 한강을 건너 서울의
중심으로 넘어오는 코스도 있습니다.
'힙지로'라고 불리는 을지로에는 맛있는 커피를
마실 수 있는 곳이 많습니다. 을지로를 도착
지점으로 정해서 달려보는 것도 좋습니다. 최근에
문래동도 핫 스폿으로 떠오르고 있습니다.
연남동을 출발해서 문래동으로 도착하는 커피
런도 해볼 만합니다.

> **커피 런 사용법**
> 1. 출발 지점과 도착 지점을 카페로 정합니다.
>   (랜드마크를 중간 경유지로 넣어보세요.)
> 2. 출발 카페에서 커피를 마십니다.
> 3. 즐겁게 달립니다.
> 4. 도착 지점으로 정한 카페까지 달립니다.
> 5. 도착 카페에서 커피를 마십니다.

커피 런은 한여름보다는 봄이나 늦가을 혹은
겨울에 진행하는 것이 좋습니다. 카페는 오픈
시간이 11~12시인 곳이 많은데 여름에 11시나
12시에 러닝을 시작하면 직사광선으로 힘든
러닝이 될 수 있습니다. 대안을 찾는다면 빵집은
오픈 시간이 8시부터인 곳이 많으니 시작을
빵집으로 하고 도착을 카페로 하는 빵 & 커피
런으로 응용해도 좋습니다.

오늘은 커피로 시작해서 커피로 끝내자!

여기를 달려보세요

① 커피 리브레 ▶▶▶ 통인동 커피공방　　🏃 13 Km

안산 자락길과 인왕산 자락길, 두 개의 자락길을 달릴 수 있는 코스입니다.
두 길 모두 경사가 완만하여 달리기 수월합니다.
봉원사, 안산 자락길(메타세쿼이아 숲길), 서대문 형무소, 인왕산 자락길,
수성동 계곡, 옥인동을 지납니다.

커피 리브레 연남점
📍 서울특별시 마포구
성미산로 200
☎ 02-334-0615
▼ 지하철 홍대입구역 3번
출구 도보 10분

통인동 커피공방 위켄드
📍 서울특별시 종로구
자하문로9길 16
☎ 02-6953-9807
▼ 지하철 경복궁역 2번
출구 직진400m

여기를 달려보세요

(2) 리사르 커피 ▶▶▶ 스탠딩 커피   🏃 13.3 Km

이태원과 용산 미군기지, 청와대에서 이전한 대통령실을 둘러보는
코스입니다. 업힐 연습은 덤으로 할 수 있습니다. 블루스퀘어, 리움미술관,
용산가족공원, 국립중앙박물관, 전쟁기념관, 녹사평 육교를 지납니다.

리사르 커피
📍 서울특별시 중구
   다산로8길 16-7
☎ 0507-1407-5538
▶ 지하철 약수역 7번 출구
   도보 2분

스탠딩 커피 경리단길점
📍 서울특별시 용산구
   녹사평대로 224-1
☎ 0507-1423-0427
▶ 지하철 녹사평역 2번
   출구 301m

여기를 달려보세요

③ 그레이 그리스트밀 ▶▶▶ 포비 광화문　　🏃 15.3 Km

강남에서 남산을 넘어 강북으로 가는 코스입니다. 한남대교,
남산북측순환로, 삼순이 계단, 명동성당, 청계천, 세운상가를 지납니다.

그레이 그리스트밀
📍 서울특별시 강남구
　압구정로2길 15
☎ 02-546-8902
▼ 지하철 신사역 6번 출구
　도보 8분

포비 광화문
📍 서울특별시 종로구 종로3길 17
　D타워 1층 21호
☎ 02-2215-8125
▼ 지하철 광화문역 4번 출구
　300m

여기를 달려보세요

④ 티엑스티 커피 ▶▶▶ 테일러 커피　　　🏃 16.4 Km

국사 선생님과 함께 달렸으면 선생님께서 많은 이야기를 해주셨을
코스입니다. 창덕궁, 헌법재판소, 정독도서관, 경복궁, 경희궁, 홍난파 가옥,
독립문, 서대문 형무소, 안산 자락길을 지납니다.

티엑스티 커피
📍 서울특별시 종로구
　　창덕궁길 121
☎ 070-7760-0121
▶ 지하철 안국역 3번 출구
　　도보 14분

테일러 커피 연남점
📍 서울특별시 마포구
　　성미산로189 1층
☎ 02-326-0355
▶ 지하철 홍대입구역 3번
　　출구 633m

여기를 달려보세요

(5) **딥 블루 레이크 ▶▶▶ 기글**　　🏃 13.6 Km

딥 블루 레이크의 파란색, 녹색 기둥 정원의 초록색, 기글의 밤색,
세 가지 색을 만나는 코스입니다. 서울함공원, 선유도공원, 안양천을
지납니다.

딥 블루 레이크
📍 서울특별시 마포구
　포은로6길 11
☎ 02-333-8532
▶ 지하철 망원역 2번 출구
　도보 7분

기글
📍 서울특별시 영등포구
　도림로128길 21
▶ 지하철 문래역 7번 출구
　100m

여기를 달려보세요

⑥ 리이케 커피 ▶▶▶ 센터커피   🏃 13 Km

물(성북천 → 청계천 → 중랑천 → 한강)을 따라 달리는 코스입니다.

리이케 커피
- 📍 서울특별시 성북구 보문로34가길 24
- ☎ 010-7173-1965
- ▶ 지하철 성신여대입구역 1번 출구 도보 6분

센터커피 서울숲점
- 📍 서울특별시 성동구 서울숲2길 28-11
- ☎ 0507-1448-2017
- ▶ 지하철 서울숲역 5번 출구 507m

빵런

일상 속에서 달리기

빵 런은 출발 지점과 도착 지점을 빵집으로 정해서 달리는 러닝입니다.

연희동 〈폴앤폴리나〉 오픈 시간에 맞춰 11시에 도착해 치아바타를 포함해 블랙올리브, 허브(화이트 치아바타에 바질을 넣은 빵), 브레첼, 크루아상을 샀습니다. 크루아상은 겉은 바삭한데 속은 촉촉해서 아주 맛있어요. 치아바타도 오래 씹을수록 고소함과 단맛이 올라왔습니다. 빵이 전체적으로 부드럽고 담백했습니다. 아이들과 함께 먹기에도 좋은 빵들이었어요.

빵을 순식간에 먹은 후 근처에 있는 카페에서 맛있는 커피로 카페인을 충전하고 러닝을 시작했습니다. 먼저 경의선숲길 쪽으로 향합니다. 연트럴파크라 불리는 연남동 구간을 통과하는데 단풍이 빨갛게 물들어 있습니다. 경의선숲길이 끝나는 지점에서 연트럴파크를 배경으로 사진을 찍고 홍제천을 지나 한강으로 진입했습니다. 조금 더 달리니 서울함공원의 군함이 보입니다. 여기서도 인증샷을 찍어줍니다. 잠깐 러닝 거리를 확인해 보니 6km를 달렸습니다. 1km쯤 더 달려서 도착 지점인 망원동 〈어글리 베이커리〉에 도착했습니다.

폴앤폴리나

버터향이 살아있는 브레첼!

연희동의 유래

경의선숲길

서울함공원

어글리베이커리

어글리베이커리의 빵들

    빵을 사기 위해 사람들이 줄을 서 기다리는데 누군가 "오늘은 다른 때보다 줄이 길지 않네." 하고 말합니다. 웨이팅이 길다는 것은 맛있다는 증거이기도 하죠.

    어글리베이커리에서는 감동의 대파빵, 구황작물 덕후, 감동의 말차 맘모스, 얼그레이 크림빵을 샀습니다. 빵 이름이 재밌습니다. 감동의 대파빵은 바게트 사이에 대파가 들어있어요. 과연 이 두 가지가 어울릴까 하는 의구심이 들었지만 맛을 보니 재료의 궁합이 상당히 좋았습니다. 빵을 다 먹을 때까지 대파라는 재료의 아이덴티티를 느낄 수가 있었어요. 강한 대파의 향이 코를 자극하면서 내가 무슨 빵을 먹는지를 계속 각인시켜 줍니다. 어글리 베이커리의 대파빵은 대전 성심당의 부추빵과 의형제를 맺어도 좋겠어요.

    구황작물 덕후라는 빵은 일단 압도적인 무게에 놀랐습니다. 어른 손바닥만 한 크기에 '무언가가 상당히 고밀도로 많이 들어있네'라는 강한 첫인상을 줍니다. 과장해서 말하면 1kg 정도 됩니다. 칼로 단면을 잘라보니 고구마, 단호박, 치즈, 팥 등을 아끼지 않고 담았습니다. 지금까지 먹어본 빵 중에 가장 무거운 빵이었습니다.

    감동의 말차 맘모스는 말차와 버터와 팥이 조화롭습니다. 아주 진한 말차향, 달지 않은 팥과 버터의 느낌이 마치 시루떡의

'구황작물덕후'와 '대파빵'

컬러드빈 카페

어글리베이커리

식감과 비슷했어요. 진한 말차를 마시는 느낌도 있었습니다. 말차의 정체성이 끝까지 유지되는 빵입니다.

달리기 이야기를 해야 하는데 빵 품평이 되어 버렸네요.

참, 빵 런은 네 명이 해야 좋을 것 같아요. 두 명이 하면 두 가지 빵밖에 못 먹을 텐데, 네 명이 같이 달리면 네 개를 나누어 먹게 되니까요.

오늘 달렸던 러닝 코스는 경의선숲길, 홍제천, 한강이었어요. 평소에도 자주 달리는 곳입니다. 그런데 빵 런이라는 테마로 달리니까 느낌이 또 다르네요. 몸은 달리고 있으면서 머릿속으로 이제 곧 맛있는 빵을 먹을 생각을 하다 보니 시간이 순식간에 지나가 버렸어요. 아마 같은 코스를 그냥 달렸다면 지난 한 주의 스트레스를 해소하고 머릿속을 깨끗이 비우는 진지한 러닝이었겠지만 맛있는 빵을 달리기의 보상으로 생각하며 달렸던 빵 런은 완전히 다른 느낌의 러닝이었습니다.

먹기 위해 뛰고
뛰기 위해 먹고!

여기를 달려보세요

연희동 폴앤폴리나 ▶▶▶ 경의선숲길 연남동 구간(연트럴파크) ▶▶▶
홍제천 ▶▶▶ 한강 서울함공원 ▶▶▶ 망원동 어글리베이커리

🏃 6.8 Km

인터넷 검색창에 '빵지순례', '빵 지도', '빵집 성지' 등의 단어를 넣으면 유명 베이커리가 표시된 빵 지도가 나옵니다. 본인의 취향에 맞는 빵이 있는 베이커리 두 곳을 찾아 출발점과 도착점으로 정합니다. 매장 내 취식이 안 되는 곳들이 있으므로 취식 가능 여부를 미리 확인하는 것이 좋습니다.

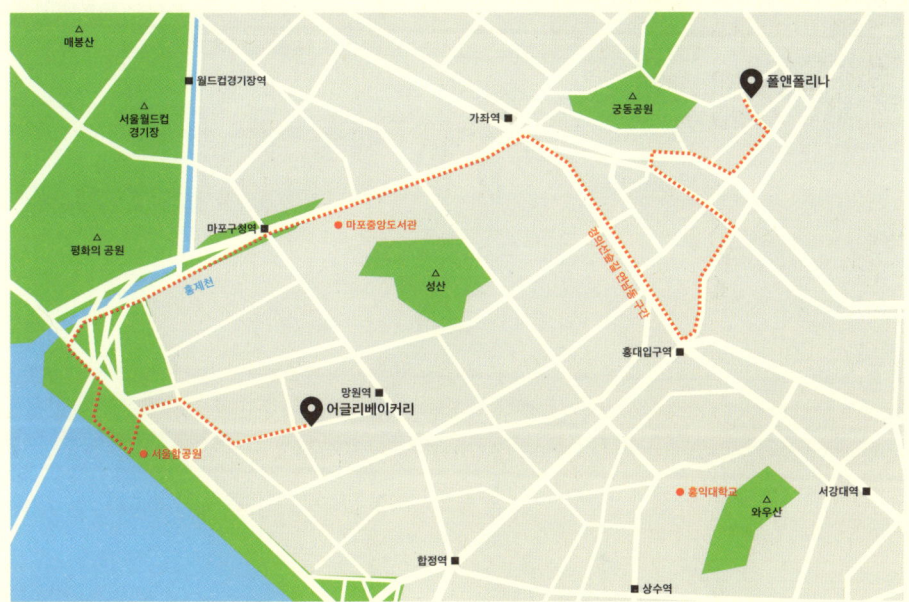

폴앤폴리나
📍 서울특별시 서대문구 연희로11길 56
☎ 02-333-0185
🚇 지하철 홍대입구역 3번 출구에서 도보 23분

어글리베이커리
📍 서울특별시 마포구 월드컵로13길 73
☎ 0507-1306-2018
🚇 지하철 망원역 2번 출구 393m

mission 03

여의도부터 달려서
의정부에서
부대찌개를 드세요

의정부 부대찌개 런

저는 허영만 화백의 만화 《식객》이 단행본으로
출간될 때마다 사 모을 정도로 그 책을
좋아합니다. 《식객》 2권에는 의정부 부대찌개의
원조라고 일컬어지는 〈오뎅식당〉이 등장합니다.
과거에 가족들과 자가용으로 몇 차례
〈오뎅식당〉에 가서 먹곤 했는데 달리기를 시작한
지 얼마 되지 않았을 때 '오뎅식당까지 달려서 갈
수 있을까?'라고 생각했어요. 그 당시에는 무모한
일이라고 여겼는데 달리기를 계속하다 보니
'한번 해 볼 수도 있겠다'라는 생각이 들더군요.
풀코스를 몇 번 완주해 보니까 '할 수 있다'는 확신이
생겼어요. 그래서 러닝메이트 두 명에게 여의도부터 의정부까지 달려가서
부대찌개를 먹자고 제안했고 러닝메이트들도 흔쾌히 동의했습니다.

    다들 아시겠지만 운동하고 먹는 음식은 아주 맛있습니다. 특히 맥주는
정말 맛있죠. 그래서 '먹기 위해서 달린다'는 분도 있어요. 작가이면서
러너인 무라카미 하루키도 풀코스 대회를 마친 후에는 맥주를 맛있게
마신다고 해요.

    코스는 여의도공원 12번 출입구에서
시작합니다. 여의도 한강공원으로 진입한 후에
한강의 동쪽으로 달립니다. 잠수교가 보이면
잠수교를 건너 한강의 북쪽으로 이동한 후에
중랑천이 보일 때까지 동쪽으로 달립니다.
중랑천에 진입한 후에는 의정부 시내가 보일
때까지 계속 직진합니다.

    중랑천은 도봉산 전망을 비롯해 주변 경관이
좋고, 주로(走路)도 넓은 편이어서 쾌적한 러닝이

오뎅식당 앞

대한민국 최초
부대찌개 1호점!

중랑천에서 보급하기

일상 속에서 달리기

GPS시계에 기록된 러닝 거리   의정부 경전철   한강 잠수교   중랑천 한양대학교 근처

가능합니다. 중랑천을 아직 달려보지 못했다면 꼭 한번 달려보라고 권합니다.

  중랑천은 비가 많이 오면 자주 잠기는 상습 침수지역입니다만 다행히 제가 부대찌개 런을 한 날은 중랑천 돌다리가 찰랑찰랑 잠길 정도로만 비가 왔습니다. 중랑천에는 편의점이 없어서 급수 및 보급이 어렵습니다. 저희는 러닝메이트 한 명이 러닝 전날 자전거를 타고 중랑천 곳곳에 물과 이온 음료, 파워젤을 숨겨(?)놓은 덕분에 급수 및 보급에 문제없이 달릴 수 있었습니다.

여의도 한강공원

곳곳에 숨겨놓은 보급품을 찾아라!

여기를 달려보세요

여의도공원 ▶▶▶ 여의도 한강공원 ▶▶▶ 잠수교 ▶▶▶
중랑천 ▶▶▶ 의정부 오뎅식당

🏃 42.2 Km

풀코스 거리이므로 급수와 보급이 관건입니다. 파워젤 지참 필수. 급수는 아리수를 이용합니다. 참고로 중랑천에는 편의점이 없습니다.

여의도공원
▶ 1. 지하철 국회의사당역 3번 출구에서 여의도공원 12번 출입구까지 도보 11분
2. 지하철 여의도역 3번 출구에서 여의도공원 12번 출입구까지 도보 10분

의정부 오뎅식당
📍 경기도 의정부시 호국로 1390번길 7
☎ 031-842-0423
▶ 지하철 의정부중앙역 2번 출구에서 도보 1분

> mission 04
>
> 서울의 지하철역을 연결해
> 코스를 만들고
> 직접 달려보세요

지하철 런

서울에 있는 모든 지하철역을 달려보면 재밌겠다는 상상을 했습니다. 그리고 달리기 미션으로 만들었지요. '지하철 런' 미션을 완수하고 나니 러너들이 지하철 런을 자주 활용했으면 좋겠다는 생각이 들었습니다.
달리고 싶은 마음은 있으나 어디를 달려야 할지 모르는 러닝 초심자들에게도 적극 추천하고 싶고요.

거주하는 지역이 한강이나 안양천, 탄천, 중랑천 같은 하천 주변 즉 소위 말하는 런세권(Run勢圈)인 사람들은 하천을 달리면 되지만, 거주지가 도심에 있거나 하천에서 먼 경우는 지하철 런이 좋은 선택이 됩니다. 러닝 초심자에게 적합하다고 생각한 이유는 도심을 달리는 시티 런(City Run)이므로 건널목에서는 보행신호 대기를 할 수밖에 없으니까 이때가 호흡을 가다듬는 휴식 시간이 됩니다. 급수와 보급을 위한 편의점도 많고, 화장실 사용도 편하다는 것 등 여러 장점이 많아요.

종합운동장역　　　　잠실새내역　　　　　잠실역　　　　　　잠실나루역

보통 지하철역의 역 사이 거리는 약 1km입니다. 길을 잘 못 찾는 분들도 길을 잃을 염려가 없어요. 예를 들어 종합운동장역에서 잠실새내역까지 달리면 1km, 잠실역까지 한 개 역을 더 달리면 2km가 됩니다. 컨디션이 좋아서 잠실나루역까지 달리면 3km죠. 롯데월드타워를 아우르는 한강의 야경을 보고 싶다면 잠실철교 위(약 4.3km)까지 달려가면 됩니다. 운동량이 충분하다고 생각되면, 잠실나루역에서 지하철을 타고 종합운동장으로 되돌아갑니다. 만약 운동량을 늘리고 싶다면 잠실철교에서 반환하여

종합운동장으로 달려서 갑니다. 그러면 러닝 거리는 약 8.6km가 됩니다.

42회에 걸쳐서 서울의 지하철역 446개를 모두 달렸지만, 모든 코스가 다 훌륭한 구간은 아니었어요. 서울 중심부처럼 궁궐이나 유명한 건물, 핫 플레이스들을 많이 지나는 코스도 있지만 주택가가 대부분인 곳을 지나는 코스도 있어요.

2호선 지선 신설동~성수 구간은 청계천과 나란히 가는데, 청계천변을 달리면서 지하철이 달리는 모습도 볼 수 있어서 좋았습니다. 용답역 다리는 드라마 '도깨비'의 촬영장소였다는 것도 알게 되었고요. 또 3호선 일원역 주변도 좋았어요. 도로 정비도 잘 되어 있고, 도로도 널찍해서 시야도 시원한, 쾌적한 시티 런 장소예요.

탄천

영동대교에서 바라본
한강의 일몰

동대문

서울식물원

용답역 다리에서 바라본
청계천

대도시 시민 러너로서 러닝 접근성이나 다른 이들의 도움 없이 달리는 방법으로 지하철 러닝이 아주 좋다고 생각해요. 달리기는 여러 사람과 같이 하면 더 즐거운 운동이지만, 혼자 하기에도 좋은 운동이에요. 혼자 달리는 경우엔 생각을 정리하거나 내 러닝 능력을 체크할 수도 있어요. 혼런(혼자 달리기)에도 지하철 런이 유용합니다.

혼자여도
괜찮아!

주의해야 할 점은 골목길에서 나오는 차량이나 이륜차를 잘 살펴야 하고, 달릴 때는 보행자와 부딪히지 않도록 해야 합니다. 인도를 달릴 때 시선은 앞쪽을 주시하면서 골목이나 교차로가 나오면 속도를 줄입니다. 차량이 없으면 다시 속도를 냅니다.

보행자들은 뒤쪽에서 빠른 속도로 러너가 지나가면 놀라는 경우가 많습니다. 전체적인 보행 흐름에 방해가 되지 않도록 조심해서 달리는 게 좋습니다.

솔밭공원의 소나무

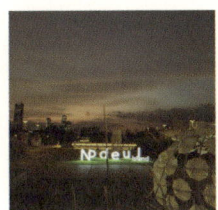
노들섬

오류철도 고가차도

손기정기념관

시티 런은 신호등이나 보행자 때문에 러닝 도중 멈춰야 하는 경우가 많습니다. 러닝 흐름이 끊긴다고 아쉬워하지 말고, 도심을 달리면서 주로(走路) 근처에 있는 핫 스폿이나 유명한 장소를 보는 즐거움이 시티 런의 장점이라는 것을 기억하세요.

녹사평 육교에서 바라본 남산

지하철 런을 계기로 서울에 대해 더 자세히 알게 되었어요. 서울에서 나고 자랐지만 서울은 워낙 큰 도시이고 자주 가는 곳들도 어느 정도 정해져 있었어요. 그런데 지하철 런을 하면서 서울의 대부분 지역을 가볼 수 있었습니다. 서울 각 지명의 유래를 알게 된 것도 재미있었어요. 예를 들어 조선시대에 먹을 만들었던 곳이라해서 '먹골' (한자로 묵동)이라 불렸다던가, 애오개의 한자 이름은 아현이고, 한티의 한자 이름은 대치, 돌곶이의 한자 이름은 석관, 당고개의 한자 이름은 당현이라는 것을 알았습니다. 중화산 아래 가운데 마을인 중리(中里)와 아랫마을 하리(下里)의 이름을 따서 중하리(中下里)로 불리다가 중화(中和)동으로 이름을 바꿔 불렀다는 것도 알게 되었지요. 또 당현천, 고덕천, 방학천, 우이천 등 새로 알게 된 하천 이름도 많았습니다. 아기공룡 둘리의 고향은 쌍문동인데, 근처의 우이천에는 둘리 벽화가 380m나 이어져 있는 것도 달리면서 알게 되었지요.

> **지하철 런 사용법**
> 1. 지하철의 몇 호선을 달릴지 결정하세요.
> 2. 몇 km를 달릴지 정하세요.
>   (역 사이 거리는 약 1km입니다.)
> 3. 출발역과 도착역을 고르세요.
> 4. 각 역의 역명판(기둥식 혹은 부착식) 사진을 찍으세요.
> 5. 지하철역 주변의 랜드마크를 보며 달려요.
> - 지하철 런을 할 수 있는 코스를 부록에 정리했습니다(42개 코스). 232페이지를 참고하세요.

서울과 부산 등 지하철역이 있는 도시에서는 지하철 런이 가능하지만 지하철이 없는 곳에서는 '버스 정류장 런'을 해봐도 좋겠습니다.

    자전거로 출퇴근하는 분들을 '자출족'이라고 부릅니다. 봄, 가을에는 지하철 노선을 따라 달려서 출퇴근하는 '런출족'이 되어 보는 건 어떨까요?

양재대로 가락시장 사거리

'런출족'은 지각이 아니어도 달려간다.

여기를 달려보세요

2호선 신설동역 ▶▶▶ 용두역 ▶▶▶ 신답역 ▶▶▶ 용답역 ▶▶▶ 성수역 ▶▶▶
뚝섬역 ▶▶▶ 한양대역 ▶▶▶ 왕십리역 ▶▶▶ 상왕십리역 ▶▶▶ 신당역   🏃 14.7 Km

(234페이지 부록의 20번 코스)

중간 경유지

성북천

정릉천

청계천

중랑천과 살곶이다리

용답역
드라마 <도깨비> 촬영지

성수동 대림창고

일상 속에서 달리기

mission 05

전철과 100m 달리기 시합을 하세요

무모한 런

독산역

독산역 앞 벚꽃로 인도

전철과 100m 달리기 시합을 하는 얼토당토않은 미션은 2005년 〈무한도전〉의 전신인 〈무모한 도전〉이라는 텔레비전 프로그램을 기억하면서 생각해 냈습니다. 그 당시는 프로그램의 촬영지가 어디인지 몰랐지만, '지하철 런(32페이지)'을 진행하던 중에 촬영지가 독산역이라는 것을 알아냈습니다(유튜브에 올라온 〈무모한 도전〉 동영상을 보고 도로의 모습이 약간 변하기는 했지만 독산역 앞이라는 것을 확인했습니다).

드디어 전철과의 100m 달리기 시합을 시작했습니다. 시작 전에는 전철을 이길 수 있지 않을까 하는 막연한 기대도 있었지만, 결과는 완벽한 패배였습니다. 달렸던 벚꽃로 인도 구간이 약한 오르막 지형이었고, 달리기에는 좁은 편이었습니다. 차도 역시 차량 통행이 잦은 도로였습니다. 프로그램에서처럼 도로를 통제하고 달렸다 해도 이길 수 없었을 겁니다. 우사인 볼트라면 해볼 만할지도 모르겠지만요. 아마 전철의 제로백(Zero百, 0-100; 자동차나 열차 등 이동 수단이 정지상태에서 100km/h에 이르는 시간입니다. 페라리 SF90의 제로백 시간은 2.0초라고 합니다) 시간도 무척 빠르지 않을까 생각됩니다.

올림픽 중계를 보면 육상 단거리 주자들은 다부진 근육을 가지고 있습니다. 이 선수들은 웨이트 트레이닝을 통해 근육을 단련하기 때문에 폭발적인 스프린트가 가능합니다. 일반인들은 갑자기 무리해서 달리면 부상을 많이 당합니다. 몸이 덜 풀린 상태에서 100m 달리기같이 갑자기 힘을 주는 운동을 하면 근육이 끊어지는 경우도 생깁니다. 근육파열은 엄청난 고통이 따라옵니다.

    체육대회 같은 행사에서 100m 달리기에 참여할 경우가 생긴다면 충분히 몸을 풀어주고 달려야 합니다. 짧은 시간에 운동량이 갑자기 많아지면 근육이 버텨내지 못하고 부상으로 이어집니다. 상품이 걸려 있거나 체면치레 때문에 달려야 한다면 상품에 너무 연연하지 마시고 재미있게 달리세요. 상품을 얻고 치료비를 잃으면 매우 서글퍼집니다. 이 글을 읽고서 전철과 100m 달리기를 하더라도 너무 치열하게 경쟁하지 않으면 좋겠어요. 어차피 집니다.

독산역 앞 벚꽃로 인도

    저는 재미로 전철과 100m 시합을 했습니다만, 장거리 달리기 훈련법 중에 짧은 거리를 반복해서 달리는 경우가 있습니다. 예를 들면 '100m를 빠르게 달린 후에 50m를 천천히 달리기'를 반복하는 훈련입니다. 인터벌 트레이닝(212페이지 참고)이라고 하는 훈련법으로, 몸이 더 높은 강도의 운동 상황을 견뎌내고 효율적으로 움직일 수 있게 강화하는 데 목적이 있습니다.

    이 훈련을 통해 심폐 능력이 좋아지고 궁극적으로는 러닝 속도 향상을 기대할 수 있습니다. 인터벌 훈련의 장점은 짧은 기간에 러닝 능력을 향상한다는 것입니다. 다만 부상의 위험이 있을 수 있으니 방법을 충분히 익히고 무리하지 않게 훈련해야 합니다.

인터벌 트레이닝은 강한 강도와 약한 강도를 교대로 하는 운동 방법이야!

여기를 달려보세요

독산역 1번 출구 앞 벚꽃로　　　　　　　　　　🏃 100 m

전철이 정차했다가 출발할 때 같이 스타트. 인도에 사람이 없는지 확인하고
바닥을 잘 살피면서 달립니다. 어차피 전철을 이길 수 없으므로
무리한 질주는 하지 않습니다.

독산역
▶ 지하철 독산역 1번 출구 바로
　앞(벚꽃로 인도)

mission 06

달려서 서울 안의 대학교를 다녀오세요

대학 탐방 런

서울의 대학교들은 광화문을 중심으로 동서남북으로 사 등분 하면 북동쪽에 많이 모여 있습니다. 고려대학교, 성신여자대학교, 경희대학교, 한국외국어대학교, 카이스트 서울캠퍼스, 서울여자대학교, 육군사관학교, 서울과학기술대학교, 삼육대학교, 성균관대학교, 한성대학교, 서울시립대학교, 세종대학교, 건국대학교, 한양대학교, 동덕여자대학교, 광운대학교, 덕성여자대학교, 서경대학교, 국민대학교, 상명대학교 등이 모두 서울의 북동쪽에 있습니다.

서울대학교 정문

또 많은 대학교가 산 주변의 언덕에 있습니다. 서달산에는 중앙대학교, 숭실대학교, 총신대학교가, 천장산에는 경희대학교와 카이스트 서울캠퍼스가, 월곡산에는 동덕여자대학교, 북한산에는 국민대학교, 낙산에는 한성대학교, 안산에는 연세대학교, 남산에는 동국대학교가 있습니다. 정문으로 향하는 길이 등산로가 아닌가 하는 느낌이 드는 학교도 있어요. 그래서 대학 탐방 런 = 업힐 런(Up hill run) = 언덕주(走)라는 선입견이 생겼습니다.

서달산(서울시 동작구)

지하철역 중에 '~대 입구'라는 이름의 전철역이 많이 있지만, 전철역부터 대학교 정문까지 거리가 생각보다 멉니다. 우이신설선 정릉역(국민대 입구)에서 국민대학교 정문까지의 거리는 2km, 서울대입구역에서 서울대 정문까지는 1.8km, 한성대입구역에서 한성대학교 정문까지는 984m입니다. 그래서 '대학교 입구에 속지 말자. 입구는 정문이 아니다'라는 우스갯소리가 생겼나 봅니다.

물론 역과 가까운 대학도 있습니다. 한양대학교는 한양대역 2번 출구로 나오면 본관 앞 광장이 바로 보이고, 교대역은 13번 출구에서 서울교육대학교 정문까지 578m밖에 안 됩니다. 홍대입구역에서 홍익대학교 정문까지는 451m, 건대입구역 4번 출구에서 건국대학교 정문까지의 거리는 147m입니다.

약 두 달 동안 '대학 탐방 런'을 위해 열다섯 번의 달리기를 했는데 각각의 러닝 장면들이 기억에 선명하게 남아 있습니다. 아마도 러닝에 '여행'이라는 요소를 더해 달렸기 때문일 것입니다. 다른 러너들도 '여행 같은 러닝'을 했으면 좋겠어요. 우리가 평소에 가기 쉬운 러닝 장소도 있지만 익숙한 곳에서의 러닝은 기억에 오래 남지 않아요. 물론 기억에 남는 러닝이라고 특별히 더 좋은 러닝은 아니지만요.

여행한다는 기분으로 달리려면 낯선 곳을 달리거나 테마를 정해서 달리면 좋아요. 새로운 러닝 코스를 짜보는 수고로움은 여러 가지 좋은 경험을 보답으로 돌려줍니다. 달리는 도중에 언덕이 나오면 힘들지만 이 언덕을 오르면 멋진 부감샷을 찍을 수도 있어요.

> **대학 탐방 런 사용법**
> 1. 한 개 이상의 대학교의 정문에 도착하되 달리는 거리는 약 10km가 되도록 합니다.
> 2. 코스 주변의 랜드마크를 지나치며 달려요.

서달산에서 바라본 한강 야경

몽마르뜨공원

백빈 건널목

태릉선수촌

화랑대역

여기를 달려보세요

신설동공영주차장은 대학들이 몰려있는 서울 강북 쪽으로의 접근성이 좋고, 저녁 7시 이후에는 주차가 무료라서 대학 탐방 런의 기점으로 이용하면 좋습니다.

여기를 달려보세요

① 서울대학교

신도림역 ▶▶▶ 서울대학교 ▶▶▶ 신도림역

도림천 산책로

▼ 지하철 신도림역 2번 출구
　신도림교 아래 도림천까지 도보 3분

② 서강대학교, 이화여자대학교, 연세대학교, 홍익대학교

여의도 소녀시대숲 ▶▶▶ 서강대교 ▶▶▶ 서강대학교 ▶▶▶
이화여자대학교 ▶▶▶ 연세대학교 ▶▶▶ 홍익대학교 ▶▶▶
합정역

소녀시대숲

📍 서울특별시 영등포구 여의도동 82-9
▼ 지하철 국회의사당역 1번 출구 850m

③ 고려대학교, 성신여자대학교

신설동 공영주차장 ▶▶▶ 정릉천 ▶▶▶ 성신여자대학교
▶▶▶ 고려대학교 ▶▶▶ 신설동 공영주차장

신설동 공영주차장

📍 서울특별시 동대문구 난계로28길 16
☎ 02-2232-6096
▼ 지하철 신설동역 10번 출구 도보 4분

여기를 달려보세요

④ 경희대학교, 한국외국어대학교, 카이스트 서울캠퍼스

신설동 공영주차장 ▶▶▶ 카이스트 서울캠퍼스 ▶▶▶ 경희대 ▶▶▶ 한국외국어대 ▶▶▶ 천장산 산책로 ▶▶▶ 신설동 공영주차장

신설동 공영주차장
- 📍 서울특별시 동대문구 난계로28길 16
- ☎ 02-2232-6096
- ▶ 지하철 신설동역 10번 출구 도보 4분

⑤ 동국대학교, 숙명여자대학교

남산 국립극장 ▶▶▶ 동국대학교 ▶▶▶ 태극당 ▶▶▶ 퇴계로 ▶▶▶ 서울로7017 ▶▶▶ 숙명여자대학교 ▶▶▶ 서울역 옥상정원 ▶▶▶ 남산 국립극장

국립극장
- 📍 서울특별시 중구 장충단로 59
- ☎ 02-2280-4114
- ▶ 지하철 동대입구역 6번 출구 도보 15분

⑥ 숭실대학교, 중앙대학교

동작역 ▶▶▶ 현충근린공원 ▶▶▶ 서달산 ▶▶▶ 숭실대학교 ▶▶▶ 중앙대학교 ▶▶▶ 국립현충원

동작역
- ▶ 지하철 동작역 3번 출구

여기를 달려보세요

⑦ 서울여자대학교, 육군사관학교, 서울과학기술대학교, 삼육대학교

태릉입구 ▶▶▶ 서울여자대학교 ▶▶▶
경춘선숲길공원 ▶▶▶ 서울과학기술대학교 ▶▶▶
육군사관학교 ▶▶▶ 삼육대학교 ▶▶▶ 태릉입구

태릉
📍 서울특별시 노원구 화랑로 681
☎ 02-948-5668
▼ 지하철 화랑대역 4번 출구 도보 26분

⑧ 성균관대학교, 한성대학교

신설동 공영주차장 ▶▶▶ 성북천 ▶▶▶ 한성대입구역 ▶▶▶
한성대학교 ▶▶▶ 혜화문 ▶▶▶ 성균관대학교 ▶▶▶
창경궁 ▶▶▶ 창덕궁 ▶▶▶ 종로3가역

신설동 공영주차장
📍 서울특별시 동대문구 난계로28길 16
☎ 02-2232-6096
▼ 지하철 신설동역 10번 출구 도보 4분

⑨ 서울시립대학교, 세종대학교, 건국대학교, 한양대학교

신설동 공영주차장 ▶▶▶ 청계천 ▶▶▶ 정릉천 ▶▶▶
서울시립대학교 ▶▶▶ 세종대학교 ▶▶▶ 건국대학교 ▶▶▶
중랑천 ▶▶▶ 살곶이다리 ▶▶▶ 한양대학교 ▶▶▶
청계천 ▶▶▶ 신설동 공영주차장

신설동 공영주차장
📍 서울특별시 동대문구 난계로28길 16
☎ 02-2232-6096
▼ 지하철 신설동역 10번 출구 도보 4분

여기를 달려보세요

⑩ 동덕여자대학교, 광운대학교, 덕성여자대학교

북서울꿈의숲 ▶▶▶ 동덕여자대학교 ▶▶▶
광운대학교 ▶▶▶ 덕성여자대학교 ▶▶▶ 북서울꿈의숲

북서울꿈의숲
📍 서울특별시 강북구 월계로 173
▶ 지하철 미아사거리역 2번 출구 도보 30분

⑪ 서경대학교, 국민대학교

신설동 공영주차장 ▶▶▶ 아리랑고개 ▶▶▶ 서경대학교
▶▶▶ 국민대학교 ▶▶▶ 신설동 공영주차장

신설동 공영주차장
📍 서울특별시 동대문구 난계로28길 16
☎ 02-2232-6096
▶ 지하철 신설동역 10번 출구 도보 4분

⑫ 상명대학교, 명지대학교

홍제역 ▶▶▶ 홍제천 ▶▶▶ 상명대학교 ▶▶▶
명지대학교 ▶▶▶ 홍제역

홍제역
▶ 지하철 홍제역 4번 출구

일상 속에서 달리기

여기를 달려보세요

⑬ 가톨릭대학교, 서울교육대학교

교대역 ▶▶▶ 몽마르뜨공원 ▶▶▶ 누에다리 ▶▶▶
가톨릭대학교 ▶▶▶ 길마중길 ▶▶▶ 서울교육대학교

교대역
▶ 지하철 교대역 10번 출구

⑭ 추계예술대학교, 경기대학교

용산 백빈 건널목 ▶▶▶ 서울역 ▶▶▶
서소문 철길 건널목 ▶▶▶ 충정로역 ▶▶▶
추계예술대학교 ▶▶▶ 경기대학교 ▶▶▶ 서대문역

용산역
▶ 지하철 용산역 1번 출구

⑮ 한국체육대학교

중앙보훈병원역 ▶▶▶ 한국체육대학교 ▶▶▶
한성백제박물관 ▶▶▶ 소마미술관 ▶▶▶ 석촌동고분군
▶▶▶ 종합운동장역

중앙보훈병원역
▶ 지하철 중앙보훈병원역 1번 출구

mission 07

비 오는 날
비 맞지 않고
10km를 달려보세요

우중 런

야구는 비가 많이 오면 경기가 중단됩니다. 골프는 번개가 치거나 비가 많이 와서 그린에 물이 차면 경기가 중단됩니다. 반면에 축구나 마라톤 경기는 비가 오더라도 열립니다.

일상에서 달리기를 하려고 하는데 비가 오면 고민이 시작됩니다.

'비를 맞고 달릴 것인가? 아니면 달리지 않을 것인가?'

달리기할 때 비가 오면 어떤 점이 불편할까요? 우선 신발이 젖습니다. 그리고 양말이 젖습니다. 옷도 비에 젖어서 무거워집니다. 옷이 젖게 되면 피부와 마찰의 강도도 커집니다. 이게 불편함일까 불쾌함일까 헷갈리지만 아무튼 쾌적한 상황은 아닙니다. 그런데 우중주(雨中走)를 반기는 분들도 있습니다. 영화 〈쇼생크 탈출〉의 포스터에 나오는 동작을 취하면서 달리는 분들도 있어요. 세찬 비를 맞으면 우울감도 사라지고 기분 전환도 되고 일종의 카타르시스를 느낀다고 합니다. '비'라는 자연 현상에 대한 반응은 사람마다 각양각색입니다. '비가 오니까 안 달린다'라는 사람도, '비가 와도 나는 달린다'는 사람도 있습니다.

비가 오지만 몸이 근질근질하고 무척 달리고 싶을 때가 있어요. 이런 경우 비를 맞지 않고 달릴 수 있고 대중교통 접근성이 좋은 장소 두 곳을 알려드리겠습니다.

첫 번째는 도림천. 신도림역에서 신대방역 구간입니다.

지하철 2호선 신도림역에서 신대방역까지는 도림천 위에 교각을 세우고 그 위에 철로를 건설했습니다. 그 철로의 양옆 반(半) 복개 구간이 지붕 역할을 해서 그 아래쪽은 비를 맞지 않습니다. 길이는 약 5km입니다. 5km 정도면 비를 안 맞는 구간으로서는 상당히 긴

신대방역

편이라고 할 수 있습니다. 그래서 신도림역 2번 출구 쪽에서 도림천을 따라 신대방역까지 갔다가 다시 원점으로 되돌아오면 10km를 달릴 수 있게 됩니다. 한 가지 단점은 GPS 워치 혹은 러닝 앱에서 수신하는 GPS 신호가 불안정하다는 점인데요(이 경우 러너들은 GPS가 튄다고 표현합니다), 달린 거리가 10km보다 더 나오는 경우도 있고, 덜 나오는 경우도 있습니다. 그래도 '5km나 비를 맞지 않는다'는 장점에 비하면 감수할 만한 단점입니다. 경험상으로는 빨리 달리면 더 많이 튀는 것 같고, 속도를 늦추면 조금 덜 튀는 것 같습니다. 그냥 복불복입니다. 5km 달렸는데 4.5km밖에 안 나왔다고 너무 실망하지 마시길 바랍니다.

신대방역　　　　　　　　　도림천 반(半) 복개 구간

비 오는 날 도림천을 달릴 때 한 가지 주의해야 할 점이 있습니다. 폭우가 내리면 하천의 물이 갑자기 불어나기 때문에 아주 위험합니다. 러닝 중에 폭우가 내린다면 바로 산책로를 벗어나세요. 그리고 트레드밀이 있는 곳으로 발길을 돌리세요. 아니면 집으로 가셔서 맥주를 마시세요. 오늘은 달리지 말라는 신의 뜻일 수도 있습니다.

두 번째는 올림픽대로 노량대교 하부 산책로입니다. 지하철 9호선 흑석역 2번 출구에서

올림픽대로 노량대교 하부

가깝습니다. 왕복 약 1.1km 정도 비를 맞지 않고 달릴 수 있습니다. 9회를 왕복하면 9.9km를 달릴 수 있습니다. 도림천이 우천으로 출입 통제가 되면 대안으로 찾는 곳입니다. 한강 전망을 보면서 달릴 수 있다는 장점이 있습니다. 하지만 이곳도 큰 홍수가 나면 출입이 통제됩니다.

이 두 곳 외에도 교각을 세우고 건설된 간선도로 하부 혹은 하천의 복개 구간에서는 비를 맞지 않고 달릴 수 있습니다. 예를 들면 청계천과 정릉천 위에 건설된 내부순환도로의 아래쪽, 홍제천 연남교에서 성산2교까지 약 600m 구간도 비를 맞지 않고 달릴 수 있는 장소입니다.

노량대교 하부

한강 진입로(흑석역 2번 출구 흑석초등학교 옆길)

여기를 달려보세요

비가 오면 우산을 쓰고 러닝 장소 출발 지점까지 갑니다. 우산을 적당한 곳에 숨겨놓고(?) 러닝을 시작합니다. 러닝이 끝나면 우산을 쓰고 집으로 돌아갑니다.

① 도림천 — 9.2 Km (왕복 1회)

신도림역 ▶▶▶ 신대방역 ▶▶▶ 신도림역

신도림역에서 신대방역까지 복개 구간 지붕 아래를 달립니다.

② 노량대교 하부 산책로 — 1.1 Km (왕복 1회)

흑석역에서 한강대교 방면으로 노량대교 하부를 달립니다. 9회를 왕복하면 러닝 거리는 9.9km가 됩니다.

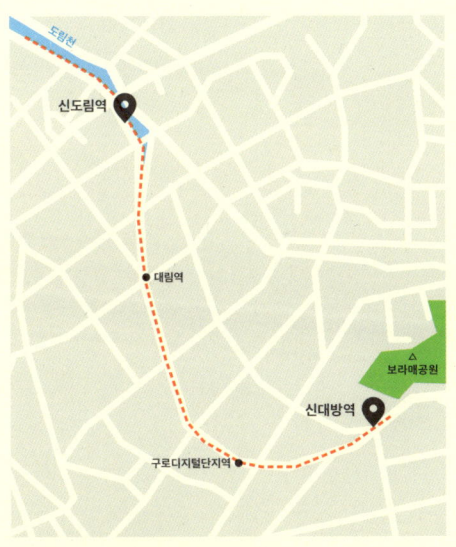

신도림역
▶ 지하철 신도림역 2번 출구 신도림교 아래 도림천까지 도보 3분

노량대교
▶ 지하철 흑석역 2번 출구 반포한강공원 입구까지 도보 3분

칼럼 ① 재미있고 지속 가능한 러닝을 만드는 방법들

러닝은 장점이 많은 운동입니다. 달리는 생활을 지속하려면 약간의 노력이 필요합니다.

1. 함께 달린다

"멀리 가려면 함께 가라"는 아프리카 속담이 있습니다. 혼자 달리면 외롭습니다. 달리기에 대한 흥미를 잃기 쉽습니다. 거주지 근처에 근거지를 둔 달리기 모임에 나가보세요. 포털 사이트에 '러닝 크루'라고 검색하면 다양한 모임들이 나옵니다. '띠 크루'라고 해서 같은 띠 동갑내기들이 모이는 러닝 크루도 있습니다. 모임에서 다른 러너들의 에너지를 받으세요.

2. 중·장기 목표를 정한다

예를 들면 '한 달에 100km 달리기', '10km 1시간 이내에 달려보기', '2년 이내에 풀코스 완주하기' 등 목표를 설정합니다. 목표 없는 달리기는 표류하기 쉽습니다. 저는 '주중 2회 10km씩, 주말 20km 달리기'를 실천하고 있습니다.

3. 다양한 코스를 달려본다

다음 날 출근이 부담되는 평일에는 집에서 가까운 친숙한 코스를 달립니다. 대신 주말에는 새롭고, 낯선 다양한 코스를 달려봅니다. 서울 도심을 달리는 시티 런, 남산 북측 순환로 1회전(7km), 경복궁 한 바퀴(2km), 여의도 한 바퀴(일명 고구마 런, 9km) 등 서울에는 재미있게 달릴 수 있는 코스가 아주 많습니다. 차를 타고 1시간 정도 서울 외곽으로 이동하면 경기도에도 매력적인 러닝 코스가 많습니다.

4. 부상을 적극 방지한다

달리기도 인생처럼 속도보다 방향이 중요합니다. 달리기는 평생 하는 운동입니다. 기록 달성에 매진한 나머지 각종 부상을 입고 더 이상 달리지 못하는 상황에 처한 분들이 생각보다 많습니다. 몸에서 이상 신호(통증)를 보내면 무리하지 말고 바로 멈추세요. 몸 상태를 회복한 후에 다시 달려도 결코 늦지 않습니다.

5. 보상 시스템을 만든다

저는 풀코스를 완주한 뒤에 시원한 맥주를 마십니다(작가 무라카미 하루키도 풀코스 완주 후 맥주를 마신다고 합니다). 달리기를 종료한 후 맛있는 음식을 나에게 보상으로 주거나(지나친 음주나 고 칼로리 음식 섭취는 지양합니다), 중장기 러닝 목표를 달성한 후에 새 러닝화를 나에게 보상으로 주는 것도 좋습니다.

6. '안 달릴 이유'보다 '달릴 이유'를 찾는다

달리기할 때 가장 힘든 구간은 침대에서 현관문 밖까지입니다. 달릴 이유보다 달리지 않을 이유를 찾는 게 더 쉽습니다. 비가 오나 눈이 오나 덥거나 춥거나 정해진 시간에 벌떡 일어나서 밖으로 나갑니다. 너무 바쁘다면 1km라도 달려보세요. 달린 거리보다 '내가 달리기에 마음이 가닿아 있는가?'가 더 중요합니다.

칼럼 ② 행복한 달리기

우리의 목적은 부상 없이 오랫동안 행복하게 달리는 것입니다. 달리기의 개념을 너무 날카롭지 않게, 둥글게 생각해 보는 건 어떨까요. 지금 '달리고자 하는 의지'가 있다면 그걸로 충분합니다.

1. 달리기는 여행이다

저는 여행을 위해 달리기라는 도구를 사용합니다. 주중에는 서울을 달리고 주말에는 교외로 나가 여유를 가지고 달립니다. 달리면 감각의 범위가 넓어지고 자연과 세상과 나에 대해 더 깊이 이해하게 됩니다. 언젠가는 장기 프로젝트로 포레스트 검프처럼 전국 곳곳을 달려서 가보고 싶습니다. 특히 바다를 낀 해안도로를요.

2. 기록 단축의 욕심을 버린다

기록 향상을 목적으로 달리는 분들은 '이게 무슨 러닝입니까?' 하실 수도 있지만, 무동력으로 어떤 기구의 도움 없이 내 몸을 한 지점에서 다른 지점으로 이동시키는 것이라면 걷기도 달리기도 모두 러닝이라고 생각해요. 가끔 "이봐, 당신은 지금 포어풋으로 달리지 않고 있어"라고 말하는 사람이 있습니다. 물론 아프리카 선수들이 포어풋(발바닥의 앞부분으로 착지하면서 달리는 것)으로 많이 달리고, 각종 대회에서 좋은 성적을 거두고 있는 것은 사실입니다. 아프리카 대륙 선수들은 어렸을 때부터 맨발로, 앞발로 찍듯이 달려서 포어풋이 익숙합니다. 하지만 포어풋에 익숙하지 않은 일반 사람들이 무리하게 포어풋 또는 미드풋을 시도하다가 부상을 당하는 경우가 많습니다. 아프리카 외 다른 대륙에 사는 사람들은 대부분 힐풋(뒤꿈치로 착지하며 달리는 것)이 많습니다. 전 세계 러닝 인구 중 78~80%가 힐풋으로 달린다는 데이터도 있어요.

자신의 러닝 방법만이 옳다고 주장하지 않았으면 좋겠습니다. 빠른 달리기만이 진정한 러닝인 것은 아닙니다. 타인의 러닝 폼을 함부로 이야기하지 말고, 타인의 러닝이 맞다 틀리다 단정 짓지 말아야 합니다. 개인의 러닝은 고유한 영역이 있습니다. 그가 처한 상황에 따라 그의 달리기가 나오는 것입니다. 사람마다 타고난 신체 조건, 나이, 건강 상태, 운동 능력이 다릅니다. 연세 드신 어르신들이 달리는 폼이 이상하다고 폄하해서는 안 됩니다. 대회에 참가해서 달리다 보면 '칠마회'라고 쓰인 경기복을 입고 달리는 어르신들이 계십니다. 칠마회는 칠십 세 이상만 가입할 수 있는 러닝 단체입니다. 저는 이분들이 달리는 모습이 참 아름답다고 생각합니다. 아마 이분들도 젊은 시절에는 멋진 폼으로 달리셨을 겁니다. 나이가 들면서 근육량도 줄고 보폭도 줄고 폼도 변형되었지만 칠십 세가 넘어도 풀코스에 도전하는 모습은 정말 존경스럽습니다. 마라톤 격언 중에 이런 말이 있어요. "여자와 노인을 조심하라." 섣불리 이분들과 대회 중에 경쟁하다가 지는 경우가 많습니다. 시니어 러너 중에는 경력이 수십 년인 경우가 흔하고, 여성 러너들은 대부분 오버페이스 없이 체력을 잘 유지하면서 일정한 속도로 꾸준히 달리기 때문에 '느려도 황소걸음'이 무엇인지 몸소 보여줍니다.

러닝 크루의 사회 공헌

크루고스트 러닝 크루를 설립하게 된 계기는 무엇이었나요?

2013년 NRC(Nike Run Club)가 러닝 크루들이 탄생했던 시작점이라고 할 수 있어요. 크루(Crew)는 '동호회'라고 생각하시면 됩니다. 2014년 PRRC를 시작으로 88서울, 와우산, UCON 등의 러닝 크루들이 생겨났습니다. 크루고스트는 2016년부터 시작했어요. '러닝은 문화다'라는 슬로건을 걸었습니다. 그리고 남녀노소 누구든지 참여할 수 있다는 뜻에서 러닝 크루 앞에 'OPEN'을 붙여서 '오픈 러닝 크루'를 표방했습니다. 첫 번째 모임은 광화문에서 열렸는데 주변 사람들에게만 알렸지만 서른 명이나 모였습니다. 이후 참가자가 쉰 명을 넘기고 백 명을 돌파했어요. 신기하게도 설립 초반부터 사람이 많이 모였습니다. '고스트'라는 이름은 '러닝을 마치고 유령처럼 사라져서 집으로 가세요'라는 뜻을 가지고 있습니다. 그런데 달리기만 하고 그냥 훅 가버리니까 아쉽더라고요. '너무 건조한 게 아닌가' 하는 생각이 들었습니다. 그래서 제 자비로 물과 바나나를 샀어요. 그걸 먹는 동안 짧게 서로 이야기 나누는 시간을 갖자는 취지였는데, 물과 바나나가 크루고스트의 상징이 되었어요.

신철규
크루고스트 러닝 크루
설립 운영자
@ironkyu_crewghost

저는 인스타그램의 크루고스트 프로필에 나와 있는 '지구인이라면 누구나 등록 및 참가 가능'의 '지구인'이라는 단어를 보고 크루고스트의 개방성에 놀랐어요. 대부분의 모임은 성별이나 연령 등의 제한이 있잖아요. 어느 정도 배타성이 있죠. 그런데 지구인이라는 표현까지 사용하면서 달리기를 좋아하는 사람들을 다 아우르겠다는 의지가 인상적이었어요.

그래서 크루고스트를 좋아하는 분들이 정말 많이 늘어났어요.
크루고스트에서 달리다가 다른 크루로 옮겨가서 달리는 분들 중에 종종
크루고스트에 들르는 러너들도 많아요.

일주일에 두 번씩-코로나 때 잠시 쉬었지만-거의 쉬지 않고 러닝 세션을 연다는 것,
그것도 개인적인 비용을 들여서 한다는 것은 정말 쉬운 일이 아닙니다. 이런 꾸준함을
지속할 수 있는 원동력은 무엇인가요?

가장 큰 원동력은 제가 달리기와 마라톤을 좋아한다는 것입니다. 그리고
오래전부터 어떤 방식으로든 사회에 공헌하고 싶다는 꿈이 있었어요. 그래서
많은 사람을 건강하게 만들 방법이 없을까 고민했어요. 제가 만약 러닝
크루를 만들고 사람들이 편하게 와서 달리도록 하면 사람들이 건강해지지
않을까, 그리고 스트레스도 풀 수 있지 않을까 생각했어요. 제가 세션 때마다
먹을 바나나와 물을 사는 비용은 사회 공헌에 드는 비용이에요. 달리러
오는 동생들이-대부분이 저보다 나이가 어립니다-건강을 유지하고 인재가
되어서 사회에 기여한다면 얼마나 좋겠습니까.

요컨대 달리기라는 방식을 통해 사회에 기여하겠다는 굳은 신념이 꾸준함의
원동력이네요.

그렇습니다.

가수 션(지누션) 님의 여러 활동들을 적극적으로 지원하는 것으로 알고 있는데요,
두 분의 인연은 어떻게 시작되었나요?

사회에 기여하고 싶다는 포부는 있었지만 독자적으로 봉사할 수 있는
구체적인 방법을 찾기는 쉽지 않았어요. 행사 기획도 해야 하고 생각보다
할 일이 무척 많더라고요. 그런데 때마침 션 님께서 먼저 연락을 주셨어요.
부산에서 만나서 많은 이야기를 나누었고, 그렇게 인연이 시작되었어요. 션
님은 어린이재단, 독립유공자 후손 돕기, 루게릭 요양병원 건립, 환경재단,

아프리카 어린이 돕기 등등 많은 재단 활동을 하고 계셨기 때문에 차라리 션 님이 개최하는 러닝 행사에서 크루고스트가 조력자가 되는 것이 더 좋겠다는 생각을 했어요. 행사에서는 크루고스트 멤버들이 페이서를 담당하고, 디테일한 부분을 챙기고, 마무리까지 자원봉사를 합니다.

션 님과 크루고스트와의 시너지가 발휘되고 션 님의 기부 활동이 대중에게 많이 알려지면서 모이는 금액도 커지는 효과가 생겼군요.

독립유공자 후손 돕기 같은 경우는 10억 원대의 금액이 모였다고 들었습니다. 또 하나 고무적인 일이 있어요. 크루고스트에서 활동하던 멤버들이 독립해서 만든 크루들이 많이 있는데 그 크루의 멤버들이 크루고스트의 봉사활동을 도와주고 있어요. 정말 뿌듯한 일이죠.

저 역시 뿌듯해지네요. 다음 질문입니다. 불특정 다수가 모이는 러닝 크루를 운영하면서 겪는 가장 힘든 점은 무엇인가요?

많은 러닝 크루들이 만들어졌다가 일 년도 안 되어 없어지는 경우가 무척 많아요. 크루고스트가 오랜 기간 동안 유지되고 있는 이유는 두 가지라고 생각합니다. 크루고스트는 러닝을 통해 사회에 기여한다는 명확하고 흔들리지 않는 설립 취지가 있어요. 운영자는 모임의 정체성을 유지할 수 있어야 합니다. 그리고 운영비를 전적으로 제가 부담하고 있기 때문에 운영방식을 제가 결정할 수 있습니다. 강한 결정권이라고 할까요? 그런데 실제로 개성 있는 다양한 사람들이 많이 모였다는 것 때문에 힘들었던 일은 별로 없었습니다.

러닝 크루를 운영하면서 가장 기억에 남는 일은 무엇인가요?

크루고스트 안에서 열 쌍의 부부가 탄생했다는 겁니다. 크루고스트 출신이 설립한 크루까지 포함하면 더 많습니다. 첫 커플은 아이가 세 살입니다. 이 정도면 크루고스트가 사회에 기여하고 있는 거죠? (웃음)

네. (웃음) 이제 마지막 질문을 드릴게요. 미래의 크루고스트는 어떤 모습일지, 사회 공헌을 어떻게 확장해 나갈 계획인지 궁금합니다.

사회 공헌 활동을 전 세계 젊은이들과 함께하고 싶어요. 서울은 외국과 비교했을 때 정말 달리기 좋은 환경입니다. 한강이라는 거대한 러닝 코스가 있거든요. 한국으로 오는 외국의 젊은이들에게 좋은 한국 문화를 많이 알려주고, 한국 젊은이들과 함께 달리는 한국적인 러닝을 기획하고, 전 세계 젊은이들이 참가하는 기부 런도 개최할 수 있으면 좋겠다는 생각을 해요. 외국인들끼리 '한국에 가면 크루고스트라는 건강한 러닝 커뮤니티가 있는데 한 번 가서 달려봐. 진짜 좋아' 이렇게 말하는 날이 오면 정말 좋을 것 같아요.

크루고스트가 뉴욕 로드 러너스* 같은 사회적으로 다양한 활동을 하고 기부도 많이 하는 크고 착한 단체가 되었으면 하는 바람이 있습니다. 달리기의 선한 영향력이 우리 사회의 구석까지 뿌리내리면 좋겠어요. 바쁘신데 소중한 시간 내주셔서 감사드립니다.

감사합니다.

*뉴욕 로드 러너스(NYRR; New York Road Runners): 달리기를 통해 사람들을 돕고 영감을 주는 것을 사명으로 하는 뉴욕시에 기반을 둔 비영리 달리기 조직입니다. 1958년 테드 코빗에 의해 47명의 회원으로 설립되었으며 이후 회원수 6만 명 이상의 큰 조직으로 성장했습니다. 매년 전 세계 5만 명의 러너가 참가하는 뉴욕마라톤을 개최합니다.

자연과 함께 달리기

2

mission 08

남산 둘레길을 달려보세요

남산 런

달리기를 시작하기 전에는 누군가가 "남산 가자"고 하면 케이블카 혹은 버스를 타고 남산서울타워까지 올라간 후 남산서울타워 전망대를 엘리베이터를 타고 올라가서 서울의 360도 풍경을 둘러보고 내려오자는 말이라고 생각했습니다. 달리기를 시작한 후에 누군가가 "남산 가자"고 하면 "어디까지 갈까?"하고 되묻습니다. 물론 '어디까지'와 '갈까' 사이에는 '달려서'라는 단어가 생략되어 있지요. 교통수단을 이용해서 가야 하던 곳이 달려서 갈 수 있는 곳으로 바뀌었습니다.

사실 남산을 달려서 올라가기는 쉬운 일이 아닙니다. 러너에게 남산이란 최적의 업힐 러닝(언덕 달리기) 훈련 장소로, 큰 업힐부터 작은 업힐까지 다양한 업힐이 섞여 있는 산, 지구력 훈련 장소, 힘들게 달리지만 기량을 올려주는 곳입니다. 그래서 북측순환로를 반복해서 달리다 보면 웬만한 대회에 참가해서 달려도 크게 힘든 느낌이 들지 않습니다.

 북측순환로를 3회 왕복하면 하프 코스 거리(21km)가 나옵니다. 한창 무더웠던 2013년 8월 11일 전마협(전국마라톤협회)에서 개최한 남산마라톤 대회가 있었습니다. 북측순환로 중간중간에 찬물이 담긴 큰 물통에 바가지를 두어 개 물에 띄워 놓고 달리다가 더우면 찬물을 온몸에 끼얹고 달리는, 동네 체육대회 같은 광경이 펼쳐졌습니다. 물론 참가자 수가 많지 않아서 가능한 일이었습니다. (보통 일반 대회에서는 물에 적신 스펀지를 나누어 줍니다.)

 경력이 오래된 분들도 한여름에 업다운으로 21km를 달리기는 쉽지 않습니다. 지금은 북측순환로에서 달리는 러너들이 상당히 많기 때문에 다시 대회가 부활한다면 성황리에 개최될 것 같습니다.

남산 북측순환로

가을에 있는 두 개의 한국 메이저 마라톤 대회(춘천마라톤, JTBC서울마라톤) 훈련을 위해—이 두 대회는 업힐 구간이 많은 대회입니다—여름에는 서울의 유명 마라톤 클럽 동호인들이 북측순환로에서 업힐 훈련을 많이 합니다. 춘천마라톤은 업힐이 좀 세고, 2022년부터 코스가 변경된 JTBC서울마라톤도 경사가 큰 업힐이 있습니다.

린린 판다(Giant Panda)   삼순이 계단   남측순환로에서 바라본 남산서울타워   남산서울타워와 보름달

열심히 훈련한 다음에는 무엇을 먹어도 맛있습니다. 남산케이블카 승강장 쪽에는 돈가스집이 많고, 해방촌이나 경리단길, 명동 쪽도 맛집들이 많으니 러닝을 마치고 들르셔도 좋습니다.

남산은 서울 중심부에 있는 산이라서 풍경, 특히 야경이 아름답습니다. 동서남북 사방으로 서울의 전경을 볼 수 있어요. 서울의 각 방향으로 길이 나 있으니 이곳저곳 가고 싶은 곳으로 갈 수 있습니다. 안중근 의사 기념관과 백범광장도 들러보세요. 남산 도서관 위쪽에는 한양도성 유적전시관도 있습니다. 서울과학전시관 남산분관 옆쪽에 있는 '삼순이 계단'에서 사진도 꼭 찍어보세요.

사실 남산은 역사적 굴곡이 많이 서려 있는 곳이기도 합니다. 일제강점기 국치의 현장인 한국통감관저 터나 경성신사 터, 조선신궁 터, 독재 권력의 상징이었던 중앙정보부 터 등 역사적으로 아픈 상처가 남아 있는 곳이 흩어져 있습니다.

남측순환로에서 바라본 서울 야경

북측순환로는 걷기에도 아주 좋은 곳으로 황톳길도 조성되어 있습니다. 맨발로 걷고 세족장에서 발을 씻을 수 있습니다. 힐링이 필요하다면 걷고, 체력이 충전되어 있으면 달리세요. 상황에 따라 선택하시면 됩니다.

　가끔 북측순환로에 자전거가 등장하기도 하는데요, 자전거는 통행이 금지되어 있습니다. 자전거를 타고 남산을 넘고 싶으신 분들은 남측순환로(일방통행 길)를 이용하시면 됩니다. 남산서울타워 아래 버스정류장까지 올라간 후에 남산도서관 쪽으로 내려와 숭례문, 광화문, 청와대를 지나 북악산으로 계속 연계되는 자전거 라이딩(남산-북악산 라이딩. 줄여서 남북이라고 합니다)도 추천합니다.

자전거 타기도 좋아요!

여기를 달려보세요

① 북측순환로만 달리는 방법

업다운이 반복되어 업힐 훈련 장소로 적합합니다. 순환로 양쪽으로 나무가 우거져 있어 그늘이 많이 생겨서 여름에 달리기 좋습니다. 그러나 겨울에는 서울의 다른 지역보다 조금 추운 편입니다. 아리수와 화장실, 간이 샤워실도 있습니다.

🏃 7 Km
(왕복1회)

② 북측순환로 +남측순환로

남측순환로는 급경사 오르막이기 때문에 고강도의 훈련을 하는 분들이 달려서 올라갑니다. 남산서울타워 바로 아래 버스정류장을 지나서 남산도서관 입구까지는 급경사 내리막이므로 빠르게 달리면 부상의 위험이 큽니다. 주의하면서 달리세요.

🏃 11.1 Km
(왕복1회)

③ 남산 둘레길

남산의 북측순환로와 남측 숲길을 연결한 7.5km의 산책길입니다. 남측 숲길은 해방촌, 경리단길과도 연결되고 소월로와 일부 구간이 겹칩니다. 인도가 좁은 편이라 저녁에 달릴 때는 주의가 필요합니다.

🏃 8.6 Km

북측순환로

▶ **자가용 이용 시**
안중근의사 기념관 주차장에 주차하고 삼순이 계단으로 내려가서 북측순환로로 진입 후 러닝을 시작합니다.

▶ **대중교통 이용 시**
① 남산 북측순환로(남산케이블카 쪽): 지하철 명동역 3번 출구 도보 17분
② 남산 북측순환로(국립극장 쪽): 지하철 동대입구역 6번 출구 도보 25분. 지하철 버티고개역 1번 출구 도보 25분. 지하철 한강진역 1번 출구 30분

mission 09

벚꽃놀이 하고오세요

벚꽃놀이 런

벚꽃이 피는 시기는 길지 않습니다. 화려하게
피었다가 금방 떨어져 버리기 때문에 많은
사람이 그 순간을 놓치지 않고 보고 싶어 합니다.
벚꽃 시즌에는 벚꽃이 피는 곳마다 인파가
몰리기 때문에 사실 달리는 것이 쉽지 않습니다.
그래도 아름다운 순간은 놓치지 않고 즐겨야
합니다. 아니면 일 년을 기다려야 하니까요. 이른
아침이나, 늦은 저녁 시간에 달리거나 벚꽃길에서
약간 거리를 두고 달리면서 전체적인 풍경을 보면
좋습니다. 언젠가 비가 오는 밤에 벚꽃길을 걸은
적이 있었는데 사람들이 별로 없었습니다. 비가
내리고, 벚꽃 비도 내려 두 가지의 비를 맞았던
기억이 있습니다.

도림천 벚꽃길

서울의 대표적인 벚꽃 명소로는 여의도 윤중로, 잠실 석촌호수가 있습니다.
그런데 이 두 곳을 생각하면 얼핏 떠오르는 광경이 있죠. 벚꽃잎만큼 많은

도림천 벚꽃길

안양천 벚꽃길

안양천 벚꽃길(360도 촬영)

인파입니다. 걷기도 어렵습니다. 그래서 윤중로나 석촌호수보다 넓으면서 인파가 적은 곳을 찾았습니다. 바로 안양천 둑길입니다. 안양천은 양쪽 둑에 벚꽃길이 있고, 둑 아래쪽으로도 작은 산책로가 있습니다. 그리고 산책길 아래쪽에는 자전거길과 산책로가 있습니다. 둑길에서 벚꽃을 만끽하면서 달리다가 아래쪽 산책로로 내려가 조금 먼발치에서 벚꽃을 바라보면서 달립니다. 둑길에 사람이 적은 듯하면 올라가서 사진을 찍으면서 달립니다. 인파의 유무에 따라서 적절하게 길을 선택해서 근거리에서, 원거리에서 벚꽃을 바라보면서 달릴 수 있는 길이 바로 안양천 벚꽃길입니다. 벚꽃은 가까이에서 봤을 때도, 멀리서 봤을 때도 모두 예쁩니다.

   안양천의 지류가 도림천인데요, 도림천 벚꽃길도 규모는 작지만 산책로 양쪽에 고밀도로 벚꽃이 피고 벚꽃 터널도 있습니다. 달리는 동안 벚꽃잎이 바람에 날려와 준다면 일 년 중 가장 낭만적인 달리기가 될 거예요.

여기를 달려보세요

인파를 피하면서 벚꽃을 만끽하는 것이 목표입니다.
걷뛰(걷다가 뛰다가)를 하거나 산책로를 옮겨가면서 달립니다.

🏃 10 Km

도림천 벚꽃길

▶ 지하철 신도림역 1번 출구 도림천 벚꽃길 입구까지 도보 3분. 신도림역에서 출발, 도림천 벚꽃길을 달리고 양천구 쪽 안양천 둑길을 달린 후 영등포구 쪽 안양천 둑길로 넘어와서 신도림역으로 돌아옵니다. 반포천 허밍웨이길, 남산도 벚꽃놀이 런이 가능한 장소입니다.

mission 10
산 두 개를 달려서 넘고 오세요

트레일 런

자연과 함께 달리기

산을 달리는 것은 등산과는 또 다른 재미가 있어요. 등산이 무거운 짐을 진 거북이걸음이라면, 트레일 러닝은 가벼운 짐을 진 리듬감 있는 토끼 걸음이랄까요. 트레일 런은 업힐에서는 걷는 리듬, 다운힐에서는 달리는 리듬을 느끼며 달립니다.

한국의 산들은 바위가 많긴 하지만 간혹 마주치는 흙길에서 다운힐을 해보면 쾌감이 있어요. 속도감과 스펀지 같은 푹신한 감각을 같이 경험해 보면 기분이 좋아져요.

트레일 런에 입문하고자 하는 분들은 트레일 런 강습 클래스에 참가해서 기본적인 트레일 런 지식을 배우거나, 경험이 많은 트레일 러너와 함께 달리면서 트레일 런 노하우를 습득하는 것도 좋은 방법입니다.

한양도성 순성길 남산 구간

돈의문 터　　한양도성 순성길 코스의 러닝 거리 22.25km

트레일 런에 필요한 장비에 대해 이야기해 볼까요? 트레일 런에는 전용 신발과 수납이 편리한 얇은 바람막이, 물을 수납할 수 있는 조끼가 필요합니다.

트레일 런에 신는 신발은 일반 러닝화보다 밑창이 두껍고 충격 흡수 기능이 강화되어 있어요. 신발은 꼭 트레일 런 전용화를 착용하길 권합니다.

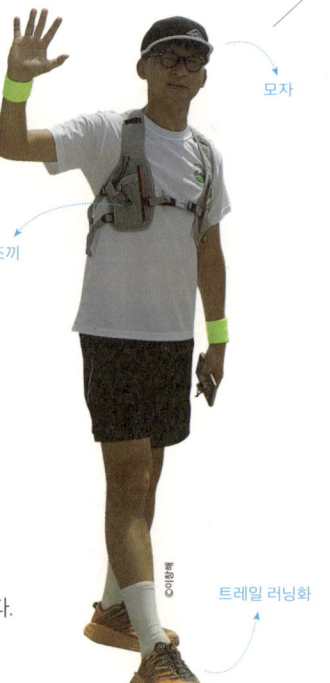

트레일 복장 준비 완료!
모자
조끼
트레일 러닝화

저는 호카오네오네의 '스피드 고트'라는 트레일 전용 신발을 구입했습니다. '살로몬'이나 '나이키', '브룩스'에서 나오는 제품도 많이 신습니다. 트레일 런 전용 신발은 밑창이 두껍고 충격을 잘 흡수해 무릎이 받는 부담을 줄여줍니다.

조끼도 여러 브랜드가 있지만, '굿러너컴퍼니(www.goodrunner.co.kr)' 같은 트레일 런 용품 편집 숍에서 추천하는 제품 중에서 선택하면 좋습니다. 굿러너컴퍼니는 트레일 런을 직접 하는 분들이 운영하는 숍이기도 하고 직접 장비들을 써본 후 장단점을 이야기해 주기 때문에 고객 만족도가 높아요. 트레일 런 특성상 코스를 달리는 중간에 물과 행동식의 보급이 어려우므로 조끼에 물과 행동식을 수납하고 달려야 합니다. 조끼에 수납하는 물통도 단단한 재질이 있고 말랑말랑한 재질이 있어요. 휴대는 편하지만 마시는 데 약간 불편한 것도 있어요. 반대의 경우도 있고요. 제품 리뷰를 참고해서 개인 취향에 따라 선택하면 됩니다.

스틱이 없을 때는 손으로 다리를 짚는 등 여러 가지 방법으로 스틱의 기능을 대체할 수 있고요.

한양도성 순성길 인왕산 구간

서울둘레길 1코스

서울둘레길 8코스

서울둘레길 2코스

2021년에 열렸던 〈JTBC 트레일 서울 157K〉부터 국내에 트레일 런의 유행이 시작되었습니다. JTBC는 2022년 상반기에는 한양도성 순성길, 강릉 해파랑길, 순천 낙안읍성길, 밀양 아리랑길에서, 하반기에는 서울 둘레길과 한라산 둘레길, DMZ 파주 평화 누리길에서 〈JTBC 트레일 코리아〉를 언택트로 개최했습니다.

굿러너컴퍼니가 매년 하이원리조트에서 개최하는 〈운탄고도 스카이 러닝〉도 인기가 많습니다. 코스 난이도가 적절하고 개최 측에서 직접 코스를 달려보고 피드백하기 때문에 참가자의 만족도가 매우 높아요. 트레일 런 대회 중에서 마감이 가장 빨리 되는 대회입니다. JTBC 대회들도 굿러너컴퍼니에서 코스를 설계한다고 해요. 영남 알프스를 달리는 울주 트레일 나인 피크(UTNP) 대회도 인기입니다. 트레일 런에서 가장 중요한 것은 부상을 당하지 않는 거예요. 산을 달리다 보면 돌부리, 나무뿌리에 걸려서 넘어지는 경우가 많아요. 안전이 가장 중요합니다. 어떤 러닝이든

서울둘레길 7코스 메타세쿼이아길

한양도성 순성길 표지판

한양도성 순성길 백악산 구간

한양도성 순성길 남산 구간

서울둘레길 마크

나이 들어서까지 지속적으로 오랫동안 하는 것이 제일 중요하기 때문에 절대 다치지 않도록 조심해야 합니다.

　트레일 러너가 많아지면서 산에 파워젤 봉지 같은 쓰레기들을 버리는 사람들이 있어요. 그러면 트레일 러너에 대한 시민들의 인식이 안 좋아져요. 많은 분에게 트레일 런은 건강한 사람들이 하는 건강한 운동이라는 인상을 심어주면 좋겠어요.

여기를 달려보세요

① 서울-안산-인왕산 연계 코스　　　　🏃 9.4 Km

서대문독립공원 주차장 ▶▶▶ 독립문역 ▶▶▶ 한성과학고 ▶▶▶ 안산 ▶▶▶ 서대문 형무소 ▶▶▶ 서대문독립공원 ▶▶▶ 독립문 ▶▶▶ 사직터널 ▶▶▶ 사직근린공원 ▶▶▶ 인왕산 중턱 ▶▶▶ 독립문역

안산과 인왕산 모두 서울 도심의 환상적인 야경을 볼 수 있는 곳입니다.

▶ 지하철 독립문역 5번 출구

독립문

인왕산에서 바라본 서울 야경

여기를 달려보세요

② 북악스카이웨이 코스　　　🏃 18.4 Km

우리옛돌박물관 ▶▶▶ 북촌한옥마을 ▶▶▶ 헌법재판소 ▶▶▶ 정독도서관 ▶▶▶ 창의문 ▶▶▶ 북악산로 ▶▶▶ 북악팔각정 ▶▶▶ 북악산로 ▶▶▶ 우리옛돌박물관

북촌 한옥마을과 연계해서 달리면 재미있습니다. 흑백 사진 찍기도 해보세요.

▶ 지하철 한성대입구역
　6번 출구.
　02번 마을버스 탑승하여
　우리옛돌박물관 하차

북악 팔각정

북촌 한옥마을

정독도서관

여기를 달려보세요

③ 서울 둘레길 8개 코스 🏃 **157.2 Km**

'서울 둘레길'이라 적혀 있는 주황색 리본이 일정한 간격을 두고 나뭇가지 등에 매달려 있어서 리본을 잘 확인하면서 달립니다. 넘어지지 않도록 앞쪽 시야를 확보하고, 보행자가 있으면 속도를 줄입니다. 각 코스에는 인증 스탬프를 찍는 '스탬프 보관함'이 있습니다. 달리기에 집중하다 보면 스탬프 보관함을 무심코 지나치는 경우도 있습니다. 그럴 경우 다시 돌아와야 합니다. 이런 경우를 속어로 '아르바이트한다'라고 합니다.

서울둘레길 7코스 가양대교 남단 스탬프

서울둘레길 4코스

서울둘레길 5코스

자연과 함께 달리기   81

여기를 달려보세요

서울 둘레길 8개 코스

코스	코스 이름	위치	길이(km)	출발	도착	랜드마크
1	수락/불암산 코스	노원구, 도봉구	18.6	도봉산역	화랑대역	태릉
2	용마/아차산 코스	광진구, 중랑구	12.4	광나루역	화랑대역	망우묘지공원, 아차산 보루, 아차산성
3	고덕/일자산 코스	강동구, 송파구	26.1	광나루역	수서역	길동자연생태공원, 암사동 선사유적지, 고덕동 고인돌
4	대모/우면산 코스	강남구, 서초구	17.9	수서역	사당역	윤봉길 의사 기념관, 대모산 불국사, 대성사
5	관악산 코스	관악구, 금천구	12.7	사당역	석수역	낙성대, 삼성산 성지
6	안양천 코스	강서구, 구로구, 금천구, 영등포구	18	석수역	가양역	허준 박물관, 구암공원, 궁산
7	봉산/앵봉산 코스	마포구, 은평구	17	구파발역	가양역	하늘공원과 노을공원, 문화비축기지, 서울함공원
8	북한산 코스	강북구, 도봉구, 성북구, 은평구, 종로구	34.5	도봉산역	구파발역	4.19민주묘지, 연산군묘, 김수영 문학관
전체			157.2			

mission 11

한강에 있는
모든 섬의 사진을
찍어오세요

한강 섬 런

육지화된 여의도를 제외하고 두 개의 인공섬인 서래섬과 세빛섬을 포함하여 선유도, 밤섬, 노들섬을 묶어 〈한강 섬 런〉을 할 수 있습니다. 출입이 가능한 섬들은 들어가서 한 바퀴 돌고, 출입이 불가능한 밤섬은 서강대교 위에서 사진을 찍습니다.

선유도 공원 녹색 기둥의 정원

<mark>선유도</mark>는 정수장이었어요. 정수시설을 철거하지 않고 재생하여 공원으로 조성하였습니다. 꽃과 나무가 있어서 산책하기에도 좋아요. 가족이 소풍을 와도 좋은 곳입니다. 양화대교가 선유도를 지나가기 때문에 양화대교를 걸어서 합정동으로 넘어갈 수 있습니다.

람사르 습지로 지정된 <mark>밤섬</mark>은 밤처럼 생겨서 밤섬이라는 이름이 붙었습니다. 정재영, 정려원 주연의 영화 〈김씨 표류기〉가 밤섬에서 촬영되었습니다. 예전에는 사람이 살았다고 하나 지금은 들어갈 수 없습니다.

밤섬

음악 공연 장소로 거듭난 <mark>노들섬</mark>은 한강의 동서남북 전체 전망을 볼 수 있습니다. 노들섬은 최고의 한강 전망 포인트입니다. 한강대교 남단에서 노들섬에 진입, 한 바퀴를 달린 후 한강대교 북단으로 달리면 '양꼬치' 모양의 GPS 그림이 그려집니다.

<mark>서래섬</mark>은 인공섬입니다. 육지와 세 개의 다리로 연결되어 있으며 조경도 잘 되어 있어요. 봄에는

노들섬

유채꽃이 아름답게 피어 노란 섬으로 변모합니다. 산책로는 흙길입니다. 남산서울타워가 아주 잘 보이는 곳이기도 합니다. 일회전 거리는 약 1km. 일회전하면 길쭉한 '고구마' 모양의 GPS 그림이 그려집니다.

서래섬

세빛섬도 인공섬입니다. 세빛섬을 달리려고 하던 순간 관리자분께서 "이곳은 배 위니까 달리지 마세요"라고 하셔서 걸어서 세 개(가빛섬, 채빛섬, 솔빛섬)의 섬을 둘러봤습니다. 최초 명칭은 세빛둥둥섬이었는데 지금은 세빛섬으로 불립니다. 물 위에 떠 있으므로 집중호우 때에도 잠기지 않습니다.

세빛섬

자연과 함께 달리기

여기를 달려보세요

당산역 ▶▶▶ 양화한강공원 ▶▶▶ 선유도 ▶▶▶ 양화대교 ▶▶▶ 서강대교 ▶▶▶ 밤섬 ▶▶▶ 한강대교 ▶▶▶ 노들섬 ▶▶▶ 동작대교 ▶▶▶ 서래섬 ▶▶▶ 세빛섬 ▶▶▶ 잠수교 ▶▶▶ 녹사평역

🏃 26.5 Km

한강의 다섯 개 교량과 다섯 개의 섬을 달리는 26km 코스입니다. 본인의 목표에 따라 거리를 조절해서 달리거나, 달리는 시간을 정해놓고 LSD(Long Slow Distance) 훈련을 해도 좋습니다.

양화한강공원
▶ 지하철 당산역에서 양화한강공원까지 도보 4분

밤섬

노들섬

서래섬

mission 12

바다 가운데 있는 세 개의 섬을 연속해서 달려보세요

바다섬런

내륙국(內陸國)이라는 단어를 들어보셨나요? 사방이 다른 나라 또는 대륙으로 둘러싸여서 바다와 접하지 않는 국가를 말합니다. 전 세계에는 44개의 내륙국이 있습니다. 내륙국에 사는 국민들은 바다를 보려면 외국으로 가야 합니다. 내륙국에 살면서 바다를 보고 싶어 하는 사람이 자동차로 한 시간이면 서해안에 닿을 수 있는 서울에 사는 저를 보면 무척 부러워할지도 모르겠습니다. 해발이 0m에 가까운 곳에서 바다를 보면서 달리면 어떤 느낌이 들까요? 파란 상쾌함을 맛볼 수 있는 두 개의 바다 섬 런 코스로 여러분을 안내합니다.

영흥대교

첫 번째는 신도-시도-모도(이하 신시모도) 코스이고, 두 번째는 대부도-선재도-영흥도(이하 대선영) 코스입니다. 보통 서해안은 동해안에 비해 바닷물이 덜 깨끗하다는 선입견이 있기는 하지만 신시모도와 대선영은 바닷물이 상당히 깨끗합니다. 섬은 바다 위에 있는 산이기도 하잖아요. 그래서 트레일 런의 느낌도 있어요. 신시모도는 삼목 선착장에서 배를 타고 신도까지 가야 하므로 배 타는 즐거움도 추가됩니다. 배에서 갈매기에게 새우깡 던져주는 것도 재밌어요. 갈매기가 코앞까지 와서 새우깡을 받아 물고 갑니다.
    러닝 코스는 '신도-연도교-시도-연도교-모도' 순서로 모도까지 갔다가 신도로 다시 돌아오면 됩니다. 모도에는 'Modo'라는 글자로 된 조형물이 있어요. 이곳이 포토존입니다. 모도는 인천공항에서 가깝기 때문에 인천공항에 착륙하거나 공항에서 막 이륙한 비행기를 가까이서 볼 수 있습니다.

대선영 코스는 대부도의 흥성리 선착장에서 출발합니다. 흥성리 선착장-선재대교-선재도-영흥대교-십리포해수욕장까지 갔다가

모도의 포토존!

돌아옵니다. 선재도 근처에는 보물 같은 섬이 있는데 바로 '목섬'입니다. 선재도가 2013년 '미국 CNN이 선정한 한국에서 가장 아름다운 섬 1위'라는 타이틀을 받을 수 있었던 건 목섬이 있었기 때문입니다. 썰물 때가 되면 선재도에서 목섬까지 500m의 모랫길이 드러납니다. 모세의 기적을 직접 경험할 수 있습니다. 모랫길을 걷고 달릴 수 있어요. 바닷길이 열리는 때는 매번 다르기 때문에 '선재도 물 때'로 인터넷에서 간조 시간을 검색하고 가야 모세의 기적을 체험할 수 있습니다.

목섬

배꾸미 조각공원

삼목항

달리다 보니 '우연히' 좋은 곳에 도착했어!

재밌는 사실은 이곳이 이렇게 유명한 장소인지 모르고 달리다가 '우연히' 발견했다는 거예요. 달리다 보면 우연히 발견하는 좋은 곳들이 많아요. 차를 타고 다니면 지나쳤을 광경들이 달리다 보면 눈에 많이 들어옵니다. 숨어 있는 절경들을 찾을 때면 놀랍고도 흐뭇합니다. 좋은 풍경은 사진과 가슴에 담고 스마트폰 메모장에 메모해 둡니다. 목섬을 본 다음 선재도와 영흥도를 이어주는 영흥대교를 건넙니다. 바다를 굽어보면서 달리는 느낌이 참 좋습니다. 영흥대교를 건너서 십리포해수욕장까지 달립니다. 해변에서 파도 소리도 듣고 조개껍질도 몇 개 주워서 주머니에 넣습니다.

영종도에서 신도를 연결하는 연도교가 2025년에 완공된다고 합니다. 다리가 개통되면 사람이 많이 몰려서 한적하고 쾌적한 러닝이 어려울지도 모르겠네요. 다리가 완공되기 전에 꼭 배를 타보시기 바랍니다.

여기를 달려보세요

① 신시모도 코스

🏃 20.2 Km

신도 ▶▶▶ 연도교 ▶▶▶ 시도 ▶▶▶ 연도교 ▶▶▶ 모도
▶▶▶ 연도교 ▶▶▶ 시도 ▶▶▶ 연도교 ▶▶▶ 신도

자가용으로 영종도 삼목선착장까지 이동한 뒤, 차를 주차하고 배를 타세요.(신분증 필히 지참). 신도에서 내려서 러닝을 시작합니다.

신도선착장
- 📍 인천 옹진군 북도면 신도리
- ▶ 영종도 삼목선착장에서 배 탑승. 신분증 필히 지참

삼목선착장

② 대선영 코스

🏃 22.2 Km

흥성리 선착장 ▶▶▶ 선재도 ▶▶▶ 목섬 ▶▶▶
선재도 ▶▶▶ 영흥대교 ▶▶▶ 십리포해수욕장 ▶▶▶
영흥대교 ▶▶▶ 선재도 ▶▶▶ 선재대교 ▶▶▶
대부도 흥성리 선착장

흥성리 선착장에서 목섬으로 가서 바닷길을 건넌 후 러닝을 시작합니다. (선재도 썰물 시간을 꼭 확인하세요.)

흥성리 선착장
- 📍 경기 안산시 단원구 대부남동
- ▶ 지하철 오이도역에서 버스 탑승 후 선재대교 입구 하차

십리포해수욕장

mission 13 ▸ 남한강과 북한강을
한 번에 달려보세요

남한강·북한강 런

자연과 함께 달리기

팔당댐

봉안터널

두물머리(양수리)는 북한강과 남한강이 합쳐지는 곳입니다. 두물머리에서 한강 하류 쪽으로 내려오면 팔당댐이 있습니다. 경의중앙선 팔당역에서 내리면 바로 앞에 한강이 있습니다. 한강 너머는 경기도 광주입니다. 팔당역에서 한강 산책로로 진입한 후에 팔당댐 방면으로 달리면 오른편에 한강을 두고 달리는 모양이 됩니다.

저는 이 길을 자전거로 먼저 달려보았습니다. 한국 란도너스(www.korearandonneurs.kr) '서울-부산 440km 퍼머넌트 17번 코스'가 이 길을 지나가게 되거든요. 풍경이 매우 아름다워서 다음에 꼭 달려보자고 했는데 결국 삼 년 후에 달리게 되었어요(두물머리에서 능내역까지). 달려보니 정말 좋은 코스라서 다음 해 한 번 더 달리게 되었습니다(팔당역에서 북한강 철교까지).

   봉안터널은 여름에는 시원하고 겨울에는 따뜻합니다. 포토스폿입니다. 능내역은 폐역이지만 향수를 자극하는 곳입니다. 이곳도 포토스폿입니다. 이 코스의 하이라이트는 북한강 철교입니다. 북한강 철교는 자전거길 국토종주길 중 남한강 자전거길의 일부로 활용되고 있습니다. 1939년에 지어진 오래된 다리라서 운치가 있습니다. 보도용 나무판이 깔려 있어서 달리면 덜컹거리는 소리도 들립니다. 북한강 철교에서 사진을 찍고 양수역까지 달려가서 전철로 귀가하셔도 되고, 팔당역까지 되돌아와서 초계국수를 드셔도 좋습니다. 아니면 두물머리 최고의 조망 장소인 수종사까지 올라가서 북한강과 남한강을 한눈에 굽어보는 일정도 추천합니다. 수종사에서 내려와 운길산역에서 전철로 귀가하면 됩니다. 두물머리까지 달려가서 핫도그를 먹고 양수역에서 전철을 타는 방법도 추천합니다.

능내역

북한강 철교

여기를 달려보세요

팔당역 ▶▶▶ 팔당댐 ▶▶▶ 봉안터널 ▶▶▶ 능내역(폐역) ▶▶▶ 북한강 철교 ▶▶▶ 양수리

🏃 10.3 Km

팔당대교부터 충주 탄금대까지 이어지는 남한강 자전거길 중 팔당역에서 양수역까지의 남한강 자전거길 11km 구간을 달립니다.

남한강 자전거길
▶ 지하철 팔당역 1번 출구에서
  남한강 자전거길까지 도보 6분

> mission 14

한강으로 흘러가는
하천들을 달려보세요

하천 런

자연과 함께 달리기

서울에는 한강이라는 워낙 훌륭한 러닝 코스가 있지만 한강으로 흘러 들어가는 한강의 지류 하천들도 매력적인 러닝 장소입니다. 한강으로 직접 흘러가는 대표적인 하천은 안양천, 홍제천, 중랑천, 탄천 등이 있습니다.

하천 런에는 서브 미션이 있습니다. '봄, 여름, 가을, 겨울 풍경을 사진에 담아라'인데요, 그래서 이 미션은 완수하기까지 일 년이 걸립니다. 오래 걸리지만 특별한 의도가 있습니다. 바로 '사계절 느껴보기'입니다. 계절의 흐름을 느끼며 사는 것은 바쁘게 사는 우리에게 꼭 필요합니다. 봄과 가을은 최고의 러닝 계절입니다. 10~13도의 기온에서 달리면 쾌적하게 달릴 수 있습니다.

여름에는 해가 없을 때, 새벽이나 이른 아침, 또는 해가 진 후에 달리세요. 한낮의 뜨거운 태양을 머리 위쪽에 두고 달리면 위험합니다.

겨울 달리기도 좋습니다. 어린 시절 볼이 빨개지도록 친구들과 눈싸움하면서 놀던 기억을 떠올리면서 눈 내린 풍경을 보며 달리면 차가운 공기가 정신을 또렷하게 만듭니다. 단, 방한에 신경 쓰고 제설이 완료된 얼지 않은 산책로로 주의해서 달려야 합니다.

가장 먼저 **안양천**부터 시작해 보겠습니다. 안양천은 서울의 서쪽에 있어서 일몰이 아름답습니다. 산책로와 자전거길도 잘 구분되어 있고 정비도 잘 되어 있습니다. 1~2km마다 아리수를 마실 수 있고, 화장실도 충분한 편입니다. 저는 코로나가 맹위를 떨치던 2020~2021년에 버추얼 런던마라톤(Virtual London Marathon)을 안양천에서 달렸습니다. 신정 잠수교를 기점으로 X자 모양으로 코스를 짜면

안양천

42.195km를 달릴 수 있습니다. 그리고 안양천은 봄에 벚꽃이 아름답게 피는 곳입니다. 여의도나 석촌호수에 비하면 인파가 많지 않아 '벚꽃놀이 런(71페이지)' 장소로도 적합합니다.

홍제천(홍제유연)

홍제천 폭포

다음은 홍제천으로 넘어가 보겠습니다. 홍제천에 세워진 교각 위로 내부순환도로가 지납니다. 홍제천 명화의 거리에는 내부순환도로 교각에 모네, 르누아르 등 유명 화가들의 그림이 걸려 있습니다. 달리면서 그림을 감상할 수 있습니다. 홍제천은 안양천보다는 하천 폭이 좁고 약간 어두운 느낌이 있어요. 밤에는 조명이 조금 더 밝았으면 하는 아쉬움이 있습니다. 겨울에는 홍제천 폭포가 멋진 풍경을 만들어 냅니다. 겨울에 인공폭포에 의도적으로 물을 약간씩 흘려보내 영하가 되면 얼게 만듭니다. 강원도에서 겨우내 폭포들이 얼어서 빙벽이 되는 것을 보셨을 겁니다. 서울에서 이런 폭포 빙벽을 볼 수 있는 곳이 바로 홍제천 폭포입니다. 또 홍제천을 복개하여 세워진 유진상가 지하에는 홍제유연이라는 예술공간이 있습니다. (유진상가는 1970년에 지어진 건물인데 북한이 남침해 올 경우 홍제천 위에 세운 기둥을 파괴하여 적이 통과하지 못하게 하는 군사적 목적으로 지어졌다고 합니다.) 홍제유연은 다양한 조명이 독특한 분위기를 만들어 내는 곳입니다. 영화 스타워즈에서 루크 스카이워커가 사용하는 라이트세이버 광선검을 세워놓은 것 같은 느낌이 납니다. 이어서 상류 쪽으로 계속 달리다 보면 홍지문을 지나 세검정에 도달합니다. 세검정은 인조반정의 주도 세력들이 칼을 씻었다는 야사가 전해져 오는 정자입니다. 홍지문과 세검정까지 달릴 분들은 밤보다는 낮에 달리는 것이 좋습니다. 연남교에서 연남동 쪽으로 빠져나와 연트럴파크, 경의선숲길로 연계해서 달려도 좋습니다.

불광천으로 가보겠습니다. 불광천은 홍제천과 합류하여 망원한강공원 근처에서 한강으로 흘러듭니다. 상류 쪽으로 달려가면 화려한 북한산 전망이 펼쳐집니다. 월드컵 경기장 쪽으로 빠져나와서 하늘공원, 노을공원, 메타세쿼이아 숲길로 연결해서 달려도 좋습니다. 홍제천이 내부순환도로 교각 때문에 답답한 느낌이 든다면 불광천 러닝을 추천드립니다. 아니면 불광천과 홍제천이 만나는 기점을 중심으로 V자형 모양의 코스를 달려서 1+1 러닝으로 불광천과 홍제천을 함께 달리는 방법도 있습니다. 홍제천과 불광천은 폭우 때는 물이 갑자기 불어나므로 주의하세요.

불광천

다음은 성북천과 정릉천, 청계천입니다. 성북천과 정릉천은 청계천으로 합류하고 청계천은 중랑천으로 흘러듭니다.

   작년에 북악산 라이딩 중 창의문 근처에서 청계천 발원 표지석을 우연히 발견했는데요, 청계천이 청와대 뒤편에서 시작된다는 것을 이때 알았습니다. 청계천은 폭이 좁습니다. 보행자도 많고 곳곳에 요철이 있는 바닥도 있습니다. 러닝에 적합한 장소는 아니에요. 보행자와

청계천

청계천 존치교각

부딪히지 않으려면 반드시 느린 페이스로 달려야 합니다. 청계천은 예로부터 홍수와 오수 때문에 골칫거리였다고 해요. 태종과 영조는 이것을 해결하기 위해 공들여 치수 사업을 했다고 합니다. 1950년대 이후 복개되었고 청계 고가도로가 생겼다가 철거되었습니다(현재 세 개의 존치교각이 있습니다). 달리면서 관수교, 수표교, 광통교, 모전교 등 오랜 역사를 가진 다리들과 단원 김홍도가 그린 정조대왕 능행 반차도를 둘러보면 좋습니다.

용답역 다리

청계천(스프링)

성북천

청계천에는 백로나 왜가리가 자주 보이고 가끔 갈매기도 볼 수 있습니다. 청계천은 볼거리가 많으므로 청계천을 제대로 느껴보고 싶은 분들은 새벽이나 늦은 저녁 보행자가 적은 시간대에 달리기 바랍니다.

청계천이 중랑천과 합류하기 전에 용답역을 지납니다. 드라마 〈도깨비〉 촬영장소로 유명해진 '용답역 다리'도 꼭 들러보세요. 청계천을 부감으로 내려다 볼 수 있습니다.

청계천을 상징하는 소라 모양의 조형물 '스프링'에서 시작하여 청계천을 따라 동쪽으로 달리다 보면 조금 전에 말씀드린 청계 고가도로 존치교각이 나오는데, 존치교각의 왼편에서 청계천으로 합류하는 하천이 성북천입니다. 성북천은 작고 아기자기한 하천입니다. 청계천보다 사람이 적어 달리기는 수월한 편입니다. 하천이 분지 모양으로 파여 있는 지형이라서 추운 겨울에 달리더라도 약간 덜 추운 감이 있습니다. 칼바람 부는 겨울 한강의 대안으로 삼을 수 있는 러닝 장소입니다. 청계천은 수돗물이 섞여서 흐르지만 북악산에서 발원하는 성북천의 물은 깨끗한 천연의 물입니다. 냄새도 나지 않고요. '동네 마실 러닝'으로는 최적의 장소입니다. 한성대학교와 성신여자대학교가 성북천의 좌우에 위치해 있습니다. 한성대학교 입구까지 달려가서 나폴레옹제과점의 사라다빵을 먹거나 성신여자대학교 근처에 있는 리이케 커피에서 핸드드립 커피를 마셔보세요.

성북천

청계천을 따라 달리다가 오른편에 청계천 박물관이 보이고 머리 위쪽으로 내부순환도로의 고가가 보이는 곳에서 정릉천이 청계천으로 합류합니다. 홍제천에서 시작하는 내부순환도로가 정릉천을 통과합니다. 정릉천도 내부순환도로의 교각이 세워져 있어서 경관이 좋은 편은 아니지만 성북천보다는 폭이 넓어서 달리기에는 좋습니다. 정릉천을 달리다가 회기로로 나와서 경희대학교의 아름다운 캠퍼스를 구경한 후에 경희대학교 뒤편을 통해 천장산에 올라 서울의 멋진 야경을 보는 것도 추천합니다.

정릉천

==중랑천==(36.5km)은 한강의 지류 중에서 가장 긴 하천입니다(2위는 안양천으로 35.1km).

상류 쪽 방향인 도봉산역 쪽으로 달리다 보면 도봉산의 멋진 전망이 펼쳐집니다. 하천 폭이 넓어서 탁 트인 공간감을 느낄 수 있습니다. 달리다 보면 가슴이 뻥 뚫리는 느낌을 받을 수 있는 곳이죠. 중랑천에는 '살곶이다리'라는 오래된 다리가 있습니다(보물 제1738호). 태조 이성계가 아들 태종을 향해 쏜 화살이 꽂힌 곳이라는 유래가 있는 다리입니다. 이 다리도 꼭 건너보시기 바랍니다.

중랑천

중랑천의 상류 방향으로 달리다 보면 석계역 부근에 중랑천으로 합쳐지는 하천이 등장합니다. 이 하천이 바로 ==우이천==인데요, 우이천의 수유교와 쌍문교 사이에는 아기공룡 둘리 벽화가 있습니다. 우이천의 상류 쪽으로 달리다 보면 멋진 북한산 전망이 펼쳐집니다. 여기서 잠깐 산을 바라보면서 달릴 수 있는 곳을 한 번 정리해 보겠습니다. 불광천을 상류 쪽으로 달리다 보면 북한산 좌측을, 우이천을 상류 쪽으로 달리다 보면 북한산 우측을, 중랑천을 상류 쪽으로 달리다 보면 도봉산을 바라보면서 달릴 수 있습니다. '호연지기 런'이라고 이름 붙일 수 있겠네요.

우이천

다음은 용인에서 발원, 성남을 거쳐 서울로
흘러드는 탄천입니다. 서울 둘레길 3코스(고덕-
일자산 코스)의 일부 구간이 탄천을 지납니다.
잠실 종합운동장 맞은편에서는 마블 영화
〈어벤져스: 에이지 오브 울트론〉을 촬영하기도
했습니다. 탄천은 달리다 보면 키가 큰 나무들도
곳곳에 있어서 다른 하천들하고 분위기가 또
다릅니다. 개인적으로는 여름의 탄천이 가장
멋졌습니다. 하천 폭도 넓고 새들도 많고 또
어디서든 롯데월드타워가 보이는데 이 모든
것이 어우러져서 멋진 광경을 만들어 냅니다.

탄천

서울의 중심가를 달릴 때 남산서울타워를 찾으면서 달리게 되는 것처럼,
탄천이나 강남 주변을 달릴 때는 자연스럽게 롯데월드타워를 찾아보면서
달리게 됩니다. 높이가 높아서 먼 곳에서도 잘 보이기 때문에 확실히
서울의 랜드마크가 된 것 같아요. 서울에서 잘 모르는 길을 달리다가도
롯데월드타워가 보이면 '저쪽이 잠실이구나'하고 생각하죠.

성내천도 달려볼까요? 성내천은 남한산성이
있는 청량산(淸凉山)에서 발원하여 강동구와
송파구를 지나 아산병원 근처에서 한강으로 흘러
들어갑니다. 성내천, 장지천, 탄천, 한강 일부를
이어서 만든 산책로인 송파 둘레길(21km)을
달려보는 것도 좋습니다. 딱 하프 코스 거리이므로
대회 전에 연습 삼아 달려보세요. 성내천은
다채로운 모습의 하천입니다. 청둥오리들이
노는 곳도 있고 올림픽공원도 지나고 아파트

송파둘레길 성내천길 시작점

숲 사이를 지나기도 합니다. 편의점으로 살짝 나가서 아이스크림도 사 먹을 수 있는 재미있는 산책로입니다. 성내천 물빛광장 근처에는 샤워 시설도 있습니다!

하천에서는 듀애슬론(싸이클+러닝)도 가능합니다. 따릉이를 빌려 타고 가다가 이용 시간이 1시간이 넘길 것 같으면 따릉이를 반납하고 달리기를 하는 거죠. 실제로 제 주변에는 대중교통을 이용하지 않고 듀애슬론으로 이동하는 친구들이 있습니다. 이어서 수영까지 곁들인다면 트라이애슬론 연습도 할 수 있겠네요. 지구를 위한 탄소 저감에 달리기가 많은 도움이 되지 않을까 생각합니다.

하천 달리기할 때 불편한 점을 꼽자면 날벌레가 있습니다. 한국의 계절이 봄, 가을이 짧아지고 여름, 겨울이 길어지다 보니 날벌레가 날아다니는 기간이 길어졌습니다. 날벌레들은 단체 행동을 일삼아서 한 곳에 몰려 있는 경우가 많아 달리는 중에 맞닥뜨리면 느낌도 안 좋고 러닝에 방해가 되죠. 이 녀석들은 10월 중순에도 맹렬하게 활약하고 있습니다. 고글을 착용하고 통풍이 잘되는 마스크를 쓰고 달리면 어느 정도 날벌레로 인한 불편을 해소할 수 있습니다.

고글을 안 쓰면 날벌레를 아주 가까이(?) 볼 수 있지.

하천 런 사용법

1. 컴퓨터 바탕화면에 〈서울 하천 런〉 폴더를 만드세요.
2. 아래 일정에 따라서 하천을 달립니다.
3. 달리면서 찍은 사진을 폴더에 담습니다.
4. 일 년 후에 하천별로 사진을 모아봅니다.

하천별 사계절 달리기 일정표

하천		안양천	홍제천	중랑천	탄천
봄	3월	●			●
	4월		●		
	5월			●	
여름	6월				●
	7월		●		
	8월			●	
가을	9월	●			●
	10월		●		
	11월			●	
겨울	12월	●			●
	1월		●		
	2월			●	

자연과 함께 달리기

여기를 달려보세요

① 안양천과 도림천

도림천역 ▶▶▶ 신정잠수교 ▶▶▶ 안양천 ▶▶▶ 양화교 ▶▶▶ 신도림역

🏃 11 Km

도림천
▶ 지하철 도림천역
  2번 출구
  도림천 산책로까지
  도보 1분
▶ 지하철 신도림역
  1번 출구 도보 1분

---

② 홍제천과 불광천

월드컵경기장역 ▶▶▶ 불광천 ▶▶▶ 응암역 ▶▶▶ 충암고 ▶▶▶ 명지전문대 ▶▶▶ 홍제천 ▶▶▶ 홍제천 인공폭포 ▶▶▶ 월드컵경기장역

🏃 12.5 Km

불광천
▶ 지하철 월드컵경기장역
  2번 출구
  불광천까지 도보 3분

여기를 달려보세요

③ 중랑천과 청계천

살곶이체육공원 ▶▶▶ 중랑천 ▶▶▶ 청계천 ▶▶▶ 살곶이체육공원

11.4 Km

살곶이체육공원
▶ 지하철 한양대역
   3번 출구
   도보 4분

---

④ 탄천과 양재천

양재시민의숲역 ▶▶▶ 양재천 ▶▶▶ 탄천 ▶▶▶ 영동대교 ▶▶▶ 서울숲

11 Km

양재천
▶ 지하철 양재시민의숲역
   1번 출구
   양재천까지 도보 9분

mission 15

호수 주변을 달려보세요

호수 런

저는 호수를 '자연이 만든 트랙'이라고 부릅니다.
아주 넓은 트랙이죠. 호수에는 물이 있고,
물고기와 새들이 있습니다. 호수 주변에는 나무가
있어서 결국 호수 주변을 달리는 것은 자연
속을 달리는 것과 같습니다. 최근에는 신도시와
인공호수를 함께 조성하기도 합니다. 광교
호수공원이나 청라 호수공원 등이 그렇습니다.
기흥 호수공원이나 수원 서호같이 과거부터
농업용수 공급을 위해 사용했던 저수지들도 호수
주변에 산책길을 조성해 놓아 걷거나 달리기가
편해졌습니다. 호수 런은 런트립 같은 느낌이 있습니다. 아침 일찍 일어나
호수까지 차로 이동해야 하지만 여행이라고 생각하면 기분이 들뜨게 됩니다.

건국대 일감호

인천 청라 호수공원

서서울 호수공원

세종 호수공원

수원 서호공원

호수마다 한 바퀴가 2km에서 10km까지 다양합니다. 호수 런의 최대 장점은
지루하지 않다는 것입니다. 깨끗한 공기를 마실 수 있고 새들도 구경할 수 있어 마치
소풍 온 것 같아요. 그러나 대부분의 호수는 그늘이 별로 없기 때문에 해가 높이
솟아오른 낮에 달리면 힘들 수 있습니다. 자연 호수는 야간에 달릴 경우 조명이 밝지
않고 경치도 잘 보이지 않기 때문에 멋진 풍경을 배경으로 달리고 싶으면 이른 아침
동트기 전부터 시작해서 일출의 순간에 달리세요. 겨울에는 해가 뜬 후에 달리세요.
그래야 춥지 않게 달릴 수 있습니다. 햇빛 아래에서는 모자를 꼭 착용하세요.

먼저 서울에서 호수 런을 할 수 있는 곳을 찾아볼까요? 세 곳 정도 꼽을 수 있는데 벚꽃이 유명한 석촌호수가 있고, 건국대학교 안에 있는 일감호와 신월동에 위치한 서서울 호수공원이 있습니다. 서서울 호수공원은 정수시설을 개조해서 만든 호수공원인데 크기는 좀 작은 편이고 걷는 분들이 많아 약간 느린 페이스로 달리는 게 좋습니다. 이곳은 공항 근처에 있다 보니 다양한 비행기들을 볼 수 있습니다. 건국대 일감호를 달릴 때는 캠퍼스 내부를 달려서 그런지 마치 대학생이 된 느낌입니다.

> 호수 런은 동트기 직전부터 달리기 시작해서 달리는 중에 일출을 맞이하는 것이 가장 좋습니다. 늦잠의 유혹에서 벗어나 궁극의 상쾌함을 맛보시기 바랍니다.

석촌호수는 항상 보행자가 많기 때문에 솔직히 말씀드려서 달리기에는 조금 불편합니다. 사람이 많지 않은 시간을 잘 선택해서 달리는 게 좋습니다.

의왕 백운호수   수원 광교 호수공원   분당 율동공원   일산 호수공원

경기권의 호수들은 여유 있는 러닝이 가능합니다. 주말에 머리도 식히고 바람도 쐴 겸 자가용으로 교외의 호수로 나가서 달려 보세요. 몸과 마음을 개운하게 만들어서 돌아올 수 있습니다. 경기권 호수 중에서는 신도시에 조성된 광교 호수공원과 청라 호수공원이 쾌적하고 편리해서 좋습니다. 광교 호수공원은 산책로 바로 옆에 식당, 카페들이 있어 러닝을 마치고 식사하거나 커피를 마시기에 매우 편합니다. 청라 호수공원도 호수와 연결되는 커낼웨이에서 식사나 커피가 가능합니다.

몇몇 인상적이었던 장면을 말씀드리면, 백운호수는 겨울에 달렸는데 꽁꽁 언 호수 위에 쌓인 눈에 햇빛이 반사되는 장면이 정말 멋졌습니다. 일부 산책로 구간은 호숫가 위쪽에 데크가 설치되어 있어서 호수 위를 달리는 느낌도 받았습니다. 왕송호수는 레일바이크가 다니는 철길이 있습니다. 철길 따라 달리는 느낌도 좋았고 여름의 연꽃도 예뻤습니다.

여기를 달려보세요

① 수원 서호공원(축만제)　🏃 2 Km

축만제는 1799년(정조 23년)에 조성된 농사를 위한 저수지입니다. 천년만년 만석의 생산을 기원한다는 뜻입니다. 화성의 서쪽에 있어서 서호라고도 불립니다. 겨울 철새인 가마우지가 텃새가 되면서 서호 인공섬에 서식하고 있습니다. 인공섬의 나무는 새들의 배설물로 인해 하얗게 보입니다. 그러나 녹음이 짙어지면 푸르게 변합니다.

📍 경기 수원시 팔달구
　화서동 436-1
▶ 지하철 화서역 5번 출구
　도보 9분

② 서서울 호수공원　🏃 0.9 Km

선유도공원처럼 폐정수장을 친환경 공원으로 개조했습니다. 김포공항이 가까이 있어 비행기가 낮게 날아가는 모습을 볼 수 있습니다. 보행자가 많은 편입니다. 봄에 피는 이팝나무 향기가 매력적입니다.

📍 서울특별시 양천구
　남부순환로64길 26
☎ 02-2604-3004
▶ 지하철 까치산역 3번
　출구 도보 28분

여기를 달려보세요

③ 건국대학교 일감호

🏃 1 Km

일감호는 1955년에 만들어진 인공호수입니다. 향후에 호수 주변에 벚꽃을 심을 계획이라고 하니 새로운 벚꽃 명소가 될 듯합니다. 학생회관 옆에 있는 '홍예교'라는 구름다리와 등나무 지붕 아래에서 호수 전체를 바라볼 수 있는 '청심대' 그리고 새들의 안식처인' 호수 안의 인공섬 '와우섬'은 일감호의 볼거리입니다.

📍 서울특별시 광진구 능동로 120
▶ 지하철 건대입구역 4번 출구에서 도보 6분

④ 일산 호수공원

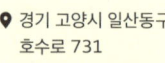 4.5 Km

산책로 중간마다 나무가 만들어 주는 그늘이 있습니다. 자전거길도 조성되어 있습니다. 자전거와 부딪히지 않도록 조심하세요.

📍 경기 고양시 일산동구 호수로 731
▶ 지하철 주엽역 2번 출구 도보 10분, 지하철 정발산역 2번 출구 도보 10분, 지하철 마두역 2번 출구 도보 10분

여기를 달려보세요

⑤ 잠실 석촌호수

🏃 2.5 Km

과거 한강의 지류였던 송파강이 매립되고 남은 호수가 지금의 석촌호수입니다. 여의도 윤중로와 더불어 벚꽃 명소로 유명한 곳입니다.
항상 사람이 많은 곳으로 아침 일찍 혹은 저녁에 달리는 것이 좋습니다.

📍 서울특별시 송파구 잠실동
☎ 02-412-0190
▶ 지하철 잠실역 3번 출구 도보 5분

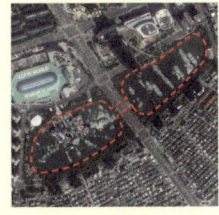

⑥ 세종 호수공원

🏃 5 Km

금강 강물을 끌어와 인공 호수를 만들어 조성한 호수공원입니다. 세종시에는 예약 후 1년 이상을 기다려야 할 만큼 북스테이 하기 좋은 '단비책방'이 있습니다(세종특별자치시 전의면 비암사길 75). 그리고 세종시는 복숭아 산지로도 유명합니다. 세종호수공원에서 러닝 후에 제철 복숭아를 먹어보는 계획도 멋지지 않을까요?

📍 세종 호수공원길 155
▶ 조치원역에서 버스 탑승 후 제3주차장 하차. 오송역에서 버스 탑승 후 국립세종도서관 정문 하차

여기를 달려보세요

⑦ 의왕 백운호수

🏃 2.9 Km

백운호수 주변에는 음식점과 카페가 많아 러닝 후에 식도락을 즐길 수 있습니다. 대중교통으로는 접근이 불편하므로 자가용을 이용하는 것이 좋습니다. (백운제방 공영주차장 이용.)

📍 경기 의왕시 학의동
▶ 지하철 인덕원역에서
　 버스 탑승 후
　 백운호수에서 하차

⑧ 인천 청라 호수공원

🏃 5 Km

호수 안에 세 개의 인공섬이 있습니다. 서해안이 가까워서 해질녘에 달리면 멋진 노을을 감상할 수 있습니다.

📍 인천 서구 청라대로 204
▶ 지하철
　 청라국제도시역에서 버스
　 탑승 후 호수공원 하차

여기를 달려보세요

(9) 수원 광교 호수공원

🏃 3 Km

원천호수는 과거에 원천 유원지였던 곳입니다. 광교 신도시가 들어서면서 광교 호수공원으로 탈바꿈하여 광교 신도시의 랜드마크가 되었습니다. 원천호수의 멋진 전경을 감상할 수 있는 프라이부르크(Freiburg) 전망대에 꼭 올라가 보세요.

📍 경기 수원시 영통구
  광교호수로 165
☎ 070-8800-2460
▼ 지하철 상현역에서
  버스 탑승 후
  광교호반마을입구 하차

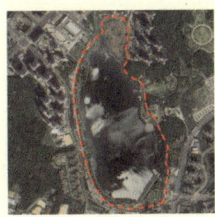

(10) 분당 율동공원 분당저수지

🏃 1.8 Km

분당 저수지는 율동공원 안에 있는 저수지입니다. 텔레비전 예능 프로그램에 자주 등장했던 번지점프대가 있습니다. 커피를 좋아하는 분들은 러닝 후에 한국 로스팅챔피언십 우승자들이 커피를 만드는 〈180커피 로스터스〉에 꼭 들러서 커피를 마셔보세요.

📍 경기 성남시 분당구
  문정로 72
☎ 031-702-8713
▼ 지하철 서현역에서 버스
  탑승 후 율동공원 하차

여기를 달려보세요

⑪ 파주 운정 호수공원 🏃 2 Km

운정 신도시의 대표 운동 코스로 2022년부터 음악분수대를 가동하고 있습니다. 러닝 후에 야당역 근처에 있는 유명한 떡집도 들러보세요.

📍 경기 파주시 경의로 1151
☎ 031-946-2125
▶ 지하철 야당역 2번 출구 도보 7분

⑫ 기흥 호수공원 🏃 10 Km

옛 이름은 신갈저수지입니다. 산책로 일회전의 거리가 10km로서 달려본 호수 중에서 가장 길었습니다.

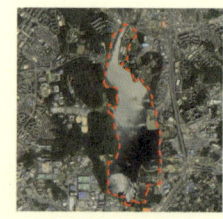

📍 경기 용인시 기흥구 동탄기흥로 923
▶ 지하철 상갈역에서 버스 탑승 후 한일마을 하차

여기를 달려보세요

⑬ 군포 반월호수

🏃 3.2 Km

작은 호수이지만 아기자기하게 잘 꾸며져 있습니다. 노을이 아름다운 곳입니다.

- 📍 경기 군포시 호수로92 반월호수공원
- ▼ 4호선 대야미역에서 2.5Km(도보 38분)

⑭ 의왕 왕송호수(레솔레파크)

🏃 4.5 Km

여름에는 연꽃 습지에 연꽃이 예쁘게 핍니다. 레일바이크를 탈 수도 있습니다(2인승 평일 28,000원). 러닝 후 철도박물관 관람도 추천합니다.

- 📍 경기 의왕시 초평동
- ☎ 031-345-3534
- ▼ 지하철 의왕역 1번 출구 도보 13분

칼럼 ③ 바다 달리기

러너들이 가장 좋아하는 러닝 장소 중 하나는 바다입니다. 바다를 보면서 달릴 수 있는 코스를 몇 곳 소개해 드릴게요. 서해안은 서울에서 자가용으로 1시간 정도면 갈 수 있는 해안들이 많습니다.

1. 강화도

'강화 나들길'에는 바다를 접하는 코스가 많습니다. 겨울에는 바다 얼음이 썰물에 떠다니는 모습과 영화 〈인터스텔라〉 촬영지였던 아이슬란드의 스카프타펠 빙하의 느낌과 비슷한 눈 덮인 해안의 모습을 볼 수 있습니다. 초지진이나 덕진진 같은 문화유적지의 주차장에 주차하고 러닝을 시작하거나, 김포 대명항에 주차 후 초지대교를 건너 강화도를 달리셔도 됩니다.

초지진 공영주차장
📍 인천 강화군 길상면 해안동로 58
자가용 이용

대명항
📍 경기도 김포시 대곶면 대명리. 자가용 이용

2. 무의도

대무의도 하나개해수욕장과 소무의도, 실미도 코스를 추천합니다. 실미도는 목섬처럼 썰물 때 '모세의 기적' 같은 바닷길이 열립니다. 제가 실미도에 갔을 때는 밀물 때라서 바닷길이 잠기고 있었습니다. 바닷길이 열리는 것도 장관일 테지만 바닷길이 잠기는 모습도 색다른 느낌을 주었습니다. 실미도 바닷물도 아주 깨끗합니다. 소무의도 역시 보물 같은 섬입니다. 작은 섬이라서 섬 전체를 한 바퀴 도는 데 시간도 많이 걸리지 않고, 섬 전체의 풍경도 아주 멋집니다.

무의광명항 공영주차장
📍 인천 중구 무의동
자가용 이용

몽돌이 깔린 몽여해수욕장도 예뻐요. 대무의도, 소무의도는 트레일 런으로 진행해 보세요. 맛있는 주꾸미 국숫집도 들러보세요.

3. 영종도와 용유도

을왕리 해수욕장, 선녀바위해수욕장, 용유도 해변, 왕산해수욕장 등을 달려보세요. 바다를 보면서 달리면 스트레스로 막혔던 가슴이 뻥 뚫립니다. 좋은 풍경을 보면서 달리다 보면 내가 지금 달리고 있다는 사실 자체를 잊기도 합니다. 마음에 평안이 들어옵니다. 섬 러닝은 자연이 주는 감동과 러닝의 즐거움을 모두 얻는 자연 친화적 힐링 러닝입니다. 그리고 한 가지 당부하자면 섬은 2월 중순에서 3월 중순이나 11월 중순에서 12월 중순의 기온이 10도 이하인 날에 달리는 게 좋습니다. 섬은 그늘이 별로 없기 때문에 햇빛이 강할 때 달리면 힘들 수 있습니다. 또 선크림을 바르지 않고 달리다 보면, 어느 순간 기미와 검은 피부를 가진 나이 든 내 모습에 소스라치게 놀랄 수 있습니다. 번들거리고 귀찮더라도 햇빛 아래에서 달릴 때는 모자와 선크림을 잊으면 안 됩니다.

을왕리 공영주차장
📍 인천 중구 을왕동 714
자가용 이용

강화나들길 표지

실미도 바닷길

용유도 해변

구릿빛 피부가 좋아도 선크림은 발라야지!

칼럼 ④ 한강 달리기

서울 러너는 복도 많습니다. 한강이 서울에 있으니까요.

1. 서울 최고의 러닝 코스

한강은 산책로가 넓고 길게 조성되어 있어서 달리기에 아주 편리합니다. 저는 파리의 센강(Seine River), 부다페스트의 다뉴브강(Danube River, 도나우강)과 런던의 템스강(Thames River)을 달려보았습니다만, 달리기의 편의성은 한강이 탁월합니다. 유럽의 벽돌 도로는 달릴 때 약간 불편합니다(발목을 접질릴 수 있어요). 한강에서는 많은 마라톤 대회가 개최되기도 합니다. 여의도나 종합운동장, 뚝섬유원지 쪽에서 대회들이 많이 열립니다. 그만큼 달리기가 편하다는 증거(?)입니다. 메이저 마라톤 대회(동아, JTBC)가 아니면 차량이 통제되는 도심에서 달릴 수가 없어요. 멈추지 않고 계속 달릴 수 있는 코스로는 한강이 최고입니다.

2. 편리한 접근성

한강 접근성이 예전보다 많이 좋아졌습니다. 진입 터널도 많이 생겼고 깨끗하고 밝아졌어요. 산책로에서 교량으로 올라가는 계단도 많이 설치해서 한강 남쪽과 북쪽을 자유로이 넘나들 수 있게 되었습니다. 대중교통으로도 한강에 쉽게 갈 수 있습니다. 선유도역, 당산역, 여의나루역, 노들역, 흑석역, 동작역, 종합운동장역, 잠실나루역, 광나루역, 강변역, 뚝섬유원지역, 서울숲역, 옥수역, 한남역, 용산역, 마포역, 합정역 등에서 한강이 멀지 않습니다. 잠수교와 노들섬(한강대교), 선유도(양화대교)에 정차하는 버스도 있습니다. 또 안양천, 탄천, 성내천, 중랑천, 홍제천 같은 한강 지류들을 달려서 한강에 접근하는 방법도 있어요. 저희 집은

27개 테마로 재밌게 달리는

구석구석
서울런 RUN

세계 6대 마라톤 완주자가
직접 뛰어보고 알려주는 오감만족 러닝 코스

그림: 윤예지 @seeouterspace

괜찮아요.
오늘도 달렸잖아요.

구석구석 서울 런
저자 성상현

* 이 스티커는 사은품입니다.

도림천 근처에 있는데, 도림천-안양천-한강까지 달렸다가 돌아오면 약 11km 거리가 나와요. 저는 이 러닝을 '한강 보고 오기'라고 부릅니다.

3. 급수와 보급을 위한 편의점

한강 북쪽보다는 남쪽에 많습니다. 북쪽에서 달리다가 편의점에 들르고 싶으면 교량을 건너서 남쪽으로 이동하세요. 교량의 길이는 대부분 1~2km입니다.

4. 주의할 점

한강은 다양한 목적으로 다양한 사람들이 오는 곳입니다. 한강은 산책로와 자전거 통행로가 나란히 놓여 있습니다. 보행자와 자전거가 함께 사용하는 길도 있습니다. 이 경우 차 대 사람 접촉 사고가 종종 일어납니다. 자전거는 차(車)이기 때문에 보행자를 보호할 의무가 있다고 해서 '자전거가 알아서 비켜가겠지'라고 생각하는 것은 위험합니다. 그리고 이어폰을 착용한 채로 뛰어서 길을 가로지르는 사람이 있는데 길을 건널 때는 꼭 좌우를 잘 살피면서 건너야 합니다. 음악을 듣고 싶다면 노이즈 캔슬링을 끄고 듣거나, 골전도 이어폰을 착용해서 자전거 벨 소리를 포함한 주변의 소리를 듣고 언제 닥칠지 모르는 위험 상황을 바로 인지할 수 있어야 합니다. 저는 러너와 보행자가 충돌하는 장면을 몇 번 목격했어요. 러닝 중에 앞서 걸어가는 보행자와 부딪히지 않으려고 "지나갑니다"라고 말하면 깜짝 놀라는 보행자도 있어요. 보행자, 러너, 라이더 모두 조심과 배려가 필요합니다.

칼럼 ⑤ 여행지에서의 모닝 런

저는 여행을 떠날 때 러닝화와 러닝 복장을 챙깁니다. 그리고 아침에 일어나서 숙소 주변을 달립니다. 낯선 환경은 우리에게 새로운 자극을 줍니다. 러닝을 마친 후에는 아침 식사를 더 맛있게 할 수 있습니다. 제가 달렸던 장소들을 소개해 드릴게요. 여러분들도 각자의 여행지에서 달려보세요.

1. 헝가리 부다페스트 다뉴브강(도나우강) Danube River

독일에서 발원하는 다뉴브강은 헝가리 부다페스트를 통과합니다. 스마트폰으로 〈도나우강의 푸른 물결〉을 들으면서 달려보세요.

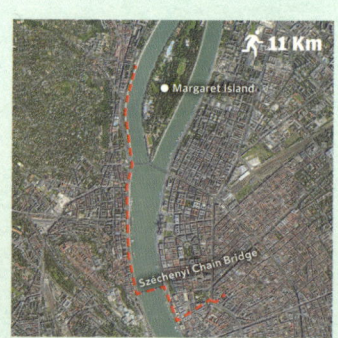

2. 영국 런던 템스강 Thames River

워털루역에서 템스강을 건너 빅 벤을 거쳐 버킹엄 궁전에서 반환, 숙소로 돌아왔습니다. 런던은 비가 수시로 내리기 때문에 방수 기능이 있는 바람막이를 입는 것이 좋습니다.

3. 노르웨이 플로 곰공원 Flå Bjørneparken

스위스 베른에 곰공원이 있는데, 노르웨이 플로에도 곰공원이 있었습니다. 4월 말에도 눈이 녹지 않고 쌓여 있었습니다.

4. 스웨덴 외레브로 성 Örebro Castle

한강의 여의도처럼 강 중앙에 있는 작은 섬 위에 아름다운 성을 지어 놓았습니다. 성을 중심으로 강 주변을 달렸습니다.

5. 발트해를 항해하는 배(Silja line) 위에서 달리기

스톡홀름에서 헬싱키까지 이동하는데 실야 라인(Silja Line) 페리를 이용했는데, 새벽 동틀 무렵 갑판 위를 달렸습니다. 이동하는 배 위에서 달리면 배가 이동한 거리까지 덤으로(?) 내가 달린 거리로 측정됩니다.

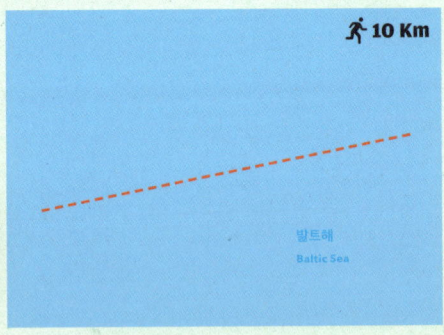

6. 핀란드 이위베스퀼레 이위베스야르비 호수 Jyväskylä Jyväsjärvi

핀란드에는 약 18만 개의 호수가 있다고 합니다. 5월인데도 눈이 왔고 호수는 얼어 있었습니다. 1회전 거리 약 14km.

7. 핀란드 로바니에미 산타 마을 Rovaniemi Santavillage

핀란드 산타 마을은 북극권이 시작되는 북위 66도 32분 35초 부근에 있습니다. 북극권을 달리는 놀라운 경험을 했습니다.

interview

러닝 입문자의 러닝화 선택법

달리기를 처음 시작하는 분이 러닝화를 선택할 때 가장 중요하게 생각해야 할 요소는 무엇인가요?

어퍼(Upper, 갑피)의 핏(Fit)입니다. 내 발과 신발의 일체감이 중요합니다. 다양한 브랜드의 다양한 모델들, 그 모델들의 사이즈와 발볼의 너비에 따라서 어퍼의 핏이 다양합니다. 발볼의 너비도 남자의 경우 B(Narrow), D(Standard), 2E(Wide), 4E(Extra Wide), 여자의 경우 B(Standard), D(Wide)등 각기 다른 호칭이 있습니다. 핏이 맞지 않으면 신는 순간부터 힘이 듭니다. 이 사실을 모르는 러닝 입문자들은 일단 브랜드를 먼저 고르고, 그 다음 모델을 봐요. 나이키 베이퍼 플라이, 아디다스 아디오스 프로3(레이싱용 러닝화입니다) 이런 신발을 삽니다. 그런데 막상 달려보면 대부분 자기 발에 안 맞아요. 발볼의 너비가 안 맞아 물집이 생기거나, 평상화 사이즈로 구입해서 신고 달렸는데 발가락이 어퍼의 앞쪽에 닿으면서 발톱이 빠집니다. 발등의 높이가 높은 사람은 신발끈을 묶는 부분에 발등이 계속 쓸리면서 까지고 멍이 듭니다. 사람마다 발 모양이 다르기 때문에 '나에게 맞는 신발을 찾는 과정'이 필요해요.. 러닝화의 선택은 브랜드가 기준이 아니라 핏이 기준입니다.

나와 핏이 맞는 신발을 찾는 과정을 거치면 '발톱 빠지는 것은 러너의 숙명이다' 같은 속설과는 이별할 수 있겠네요. 시간과 비용이 들지만 반드시 거쳐야 하는 과정이라 보면 될까요?

그렇습니다. 매장에서 신발에 발을 넣어보면 핏이 맞는지 안 맞는지 대략적인 느낌이 옵니다. 요컨대

송주백 (송PD)
유튜브 채널 '런업TV' 운영자

'신발에 내 발을 맞추는 것이 아니라, 내 발에 맞는 신발을 찾는다'가 핵심입니다. 엘리우드 킵초게(마라톤 세계기록 보유자. 2시간 1분 9초)가 세계 신기록을 세울 때 신었던 신발을 러닝 입문자가 신으면 발에 물집만 남게 됩니다.

러닝화 사이즈를 평상화보다 5mm 정도 여유 있게 신어야 하는 이유는 무엇인가요?
장거리 달리기에서 발은 신발 안에서 꽤 오랜 시간 머뭅니다. 나의 체중으로 인해 족궁(사람의 발바닥에서 오목하게 들어간 아치 부분이 활처럼 생겼다고 해서 足弓이라고 부른다)이 아래로 눌리면서 발은 앞으로 펴지게(혹은 늘어나게) 됩니다. 서 있을 때는 아치가 힘을 받지 않지만 오랜 시간 장거리를 달리면 아치는 아래쪽으로 눌리게 되어 발의 크기가 커집니다. 즉, 아치가 계속 펴지면서 발가락이 신발 끝에 닿게 되니까 기본적으로 약 5mm정도는 여유가 있어야 하는 겁니다. 러너들은 5mm 여유 있게 신는 것을 '반업'한다고 말합니다.

신발의 길이가 길어지면 발볼 너비도 넓어지겠죠? 발등 높이도 높아지겠고요.
그렇습니다. 발의 길이가 길어지면 발볼의 너비는 넓어지고 토박스(발가락을 보호하는 신발의 앞 공간) 공간도 커지고 아치도 넓어지고 힐도 넓어집니다. 전체 핏이 모두 변합니다.

'안정화(스테빌리티Stability 러닝화)'는 어떤 신발인가요? 초심자는 안정화를 신어야 하나요?
러닝은 발이 회내(Pronation)와 토오프(Toe Off)를 반복하는 과정입니다. 인간은 달릴 때 발 뒤꿈치가 먼저 땅에 닿고 발바닥의 바깥쪽부터 바닥에 닿으면서 발목이 안쪽으로 약간의 회전을 하는데, 회내(回內)가 심하게 되는 경우를 과회내(Excessive pronation)라고 합니다. 중립(neutral) 회내 후에 토오프 해야 균형 잡힌 착지가 이루어집니다. 그래서 아치 쪽에 과회내를 방지하는 장치를 적용한 러닝화를 안정화라고 합니다. 아식스의 젤 카야노는 미드솔의 아치 부분에 단단한 소재를 사용하여 과회내를 방지합니다.
브룩스는 가이드 레일이라는 장치를 적용하여 과회내를 방지합니다. 발목은 무릎과 이어지고 무릎은 골반으로 이어지죠. 그래서 발목이 꺾이는 부상은 하지(下肢) 전체에 영향을 줄 수 있습니다. 내가 과회내인지 아닌지는 걷고 달리는 모습을 비디오로 촬영해서 분석하는 보행 분석(Gait Analysis)을 통해 알 수 있습니다. 분석 결과가 과회내로 나오면 안정화를 착용하면 됩니다. 단, 안정화는 일반 뉴트럴 계열 러닝화보다 무겁습니다. '러닝 입문자는 안정화를 신어야 한다'는 틀린 이야기입니다. '보행 분석상 과회내인 사람이 안정화를 신으면 부상을 방지할 수도 있다'가 맞는 표현입니다.

'쿠션'과 '반발'의 메커니즘에 대해 설명해 주실 수 있을까요?

쿠션은 '충격 흡수'를 말합니다. 아식스의 젤(Gel) 미드솔이 대표적이죠. 반발(Responsiveness)은 '에너지 리턴'입니다. 나이키의 줌엑스(ZOOMX) 미드솔(중창, 쿠션과 반발을 담당한다)이나 아디다스의 울트라부스트 미드솔이 대표적입니다. 기술 개발의 포커스가 '쿠션'에서 '반발력'으로 넘어갔습니다. 예를 들어 쇠구슬을 젤 미드솔에 떨어뜨리면 구슬이 많이 튀어 오르지 않습니다. 그런데 줌엑스나 울트라부스트 미드솔에 떨어뜨리면 공이 들어갔다가 다시 튀어 오릅니다. '팅겨서 나가는 것'이 러닝화의 주요한 개념이 되었습니다. 스포츠 브랜드들은 에너지 로스(Loss)를 최소화하고 에너지 리턴을 최대화하는 소재 개발에 집중하고 있습니다.

현재 출시되어 있는 러닝화를 예로 든다면요?

현재 가장 앞서 있다고 평가되는 미드솔이 나이키의 줌엑스입니다. 신고 달려보면 통통 튀어 오릅니다. 내가 100의 힘을 줘서 달리면 95는 돌려주는 느낌입니다. 베이퍼플라이나 알파플라이 같은 모델은 더 많이 돌려준다고 느껴집니다. 최근에 출시되는 아식스 젤카야노 모델도 젤이 압력을 가하면

예전만큼 많이 들어가지 않습니다. 아식스는 플라이트폼(FlyteFoam)이라는 반발력이 좋은 미드솔을 사용하고 있어요. 에너지 손실을 최소화하면서 에너지 리턴의 효율을 최대화하여 러너들이 빠르게 달릴 수 있는 소재 개발이 핵심입니다. 쿠션 성능은 이제 기본 사양이 되었어요. 빠르게 충격을 흡수하고 많이 튕겨줘야 합니다. 질소를 주입해서 반발력을 높이거나 조금 더 반발력이 좋은 소재를 개발한다거나 하는 다양한 노력들이 시도되고 있습니다.

러닝 입문자가 반발력을 통제하려면 어느 정도의 러닝 마일리지가 쌓여야 할 것 같아요. 꼭 본인의 실력에 맞는 적당한 반발력의 러닝화를 착용해야겠네요. 다음 질문으로 넘어가겠습니다. 러닝화의 수명은 러닝 마일리지(km)에 달려 있을까요?

글쎄요. 단순히 달린 거리에 따라 신발을 교체하기보다는 어퍼의 상태(찢어지지 않았는가), 아웃솔(미드솔을 보호하기 위해 미드솔 아래에 덧대는 고무)의 상태(미드솔에서 떨어지거나 마모되지 않았는가), 미드솔의 상태(쿠션이 기능하지 않는가)를 전체적으로 확인한 후에 교체하는 게 좋을 것 같습니다.

러닝을 시작하는 러너들에게 꼭 알려주고 싶은 러닝화 관련 팁이 있으면 말씀해 주세요

러닝은 즐겁게 해야 합니다. 지금 착용하고 있는 러닝화가 내 발과 핏(Fit)이 잘 맞는다면 가벼울수록 좋습니다. 신발이 무거우면 다리가 바닥에 끌리는 느낌이 들어요.

'발걸음도 가볍게' 해주는 러닝화가 좋은 러닝화네요. 오늘 시간 내주셔서 감사합니다.

감사합니다.

랜드마크 찍고 달리기

3

mission 16

한 번의 러닝으로
다섯 궁궐을
달려보세요

1타 5궁 런

보통은 궁궐 나들이를 할 때 "오늘은 경복궁 가자", 또는 "오늘은 창덕궁 가자"라고 할 텐데, 저는 "오늘은 경복궁에서 시작해 창덕궁과 창경궁을 본 후 경희궁과 덕수궁까지 가보겠습니다"라고 합니다. 바로 1타 5궁 런이죠(물론 궁궐 안을 꼼꼼히 둘러보는 것은 아니지만요).

광화문(경복궁)

우선 서울에 있는 다섯 개의 궁궐과 궐문의 이름을 살펴보겠습니다.
1. 경복궁(광화문) 2. 창덕궁(돈화문)
3. 창경궁(홍화문) 4. 경희궁(숭정문) 5. 덕수궁(대한문)

다섯 개의 궁궐 중에서 돌담을 따라서 완벽하게 한 바퀴 돌 수 있는 궁궐은 경복궁이 유일합니다. 다른 궁궐들은 여러 건물들이 궁궐에 근접해 있습니다. 예를 들면 경희궁 옆에는 서울특별시 교육청이, 덕수궁 옆에는 주한영국대사관이, 창덕궁과 창경궁 옆에는 중앙고등학교, 성균관대학교 같은 건물들이 붙어 있어서 완벽한 돌담길 일회전은 어렵습니다. 그래서 서울의 러너들은 경복궁 돌담길 달리기를 많이 합니다.

돈화문(창덕궁)　　홍화문(창경궁)　　경희궁　　덕수궁 돌담길

경복궁의 북문(北門)은 신무문입니다. 달리면서 이곳을 지날 때면 명성황후와 고종이 떠오릅니다. 신무문의 왼편 돌담 너머엔 건청궁이 있습니다. 건청궁에서 명성황후가 일본의 낭인들에게 시해되었습니다(을미사변). 이듬해에는 고종이 신무문을

통해 경복궁을 빠져나가 러시아 공사관으로
피신했습니다(아관파천). 조선의 아픈 역사가
신무문 안쪽에서 일어났습니다.

신무문(경복궁)

궁궐 달리기는 시티 런이지만 길도 나쁘지 않고
경찰들도 많이 있고 갑작스럽게 튀어나오는
오토바이도 없어 비교적 안전하게 달릴 수
있습니다.

   러닝 경로에 가고 싶은 장소를 추가하면 더
다채로운 러닝을 할 수 있습니다. 경복궁과 창덕궁
사이에는 북촌한옥마을이 있습니다. 안국역
근처에는 고종이 어린 시절을 보냈던 운현궁도 있고요. 경복궁에서 창덕궁으로
넘어갈 때 북촌 한옥마을이나 운현궁을 통과해서 가면 재미가 더해집니다.
삼청동, 인사동, 익선동도 추가 후보군입니다. 경희궁과 경복궁 사이를 이동할
때 인왕산을 거쳐서 가는 코스도 만들 수 있겠네요. 인파가 많은 경복궁 돌담길
일회전이 조금 불편하게 느껴진다면 종묘와 창경궁 간 담장 보행로(율곡로 궁궐
담장길은 오후 6시까지 이용 가능합니다. 6시 이후에는 율곡로 터널 내 보행로를 이용하세요)를
포함한 종묘 한 바퀴를 달려보는 조용하고 쾌적한 러닝도 좋습니다(동순라길,
서순라길). 저는 궁궐과 궁궐 사이를 달릴 때 큰 도로변 인도를 이용했습니다만
시간과 체력이 되는 분들은 궁궐 사이에 핫플레이스를 끼워 넣어보세요.
힘들다고 느껴질 때는 곳곳에 있는 카페에서 에스프레소 커피를 드세요. 빨리
마실 수 있고 부스터 효과도 뛰어납니다.

돌담길 이야기가 나왔으니 긴 구간은 아니지만 돌담 런을 할 수 있는 곳을
좀 더 찾아볼까요? 영휘원(고종의 후궁이자 영친왕의 어머니인 엄귀비의 능)과
선정릉(성종과 정현왕후, 중종의 능)도 돌담길 런을 할 수 있습니다.

명정문(창경궁)

궁궐 달리기를 하면서 알게 된 몇 가지 사실들이 있는데요, 일제 강점기 때 여러 궁궐들이 일제에 의해 많이 훼손되었다고 합니다. 창경궁은 '창경원'이라는 이름의 동물원으로 사용되었습니다. 덕수궁 높임 마당인 월대는 차량 통행에 방해가 된다고 철거했습니다. 광화문도 조선총독부 건설로 인해 경복궁의 동문인 건춘문 옆으로 옮겨졌습니다. 궁궐은 아니지만 사대문 중 돈의문(서대문)도 헐리고, 숭례문과 흥인지문의 성벽도 다 헐어냈습니다.

대한문(덕수궁)

1타 5궁 런이라고 해서 다섯 개의 궁궐을 하나의 선으로 연결해서 달렸지만 굳이 다 달리지 않으셔도 됩니다. 우선 궁궐 두 개를 선으로 연결한 후에 그 동선 근처에 있는 유명 명소를 들르세요. 처음에는 덕수궁과 경희궁, 그다음에는 경희궁과 경복궁, 그다음에는 경복궁과 창덕궁 이렇게요. 그리고 나중에 다섯 개의 궁을 모두 연결해서 달려보는 겁니다. 요즘에는 부모님과 자녀들이 함께 달리는 경우도 많습니다. 제 주변에는 실제로 아빠와 딸, 아빠와 아들, 엄마와 딸이 같이 달리고 있습니다. 여행은 두 발로 하는 여행이 기억에 오래 남는다고 합니다. '달려서 하는 여행의 맛'을 느껴보셨으면 좋겠습니다.

한 가지 아쉬운 점은 '궁궐 안에서는 달릴 수 없다'는 것입니다. 궁궐 안에서 걷기와 달리기가 어떤 차이가 있는지, 궁궐 안에서 걸으면 문화재 훼손이 안 되고 달리면 문화재가 훼손되는 근거가 무엇인지 의아했어요. 한 번은 태릉 매표소 앞에서 러닝 복장으로 서 있었는데 매표소 직원이 "능 안에서 달리시면 안 돼요"라고 먼저 이야기하는 거예요. 저희는 경춘선숲길을 달릴 예정이어서 태릉은 들어갈 계획이 없었습니다. 그때 궁궐뿐만 아니라 왕릉에서도 달리면 안 되는 걸 알았어요. 문화재청 관계자분께 사뿐사뿐 달릴 테니 궁궐 안을 달리게 해달라고 부탁해 볼까 고민 중입니다.

창덕궁1길

여기를 달려보세요

① 광화문 출발　　　　　　　　　　　🏃 12.6 Km

광화문 ▶▶▶ 경복궁 1회전 ▶▶▶ 창덕궁 ▶▶▶
창경궁 ▶▶▶ 광화문 ▶▶▶ 경희궁 ▶▶▶ 덕수궁

② 덕수궁 출발

주한영국대사관 정문 ▶▶▶ 덕수궁 돌담길 ▶▶▶ 고종의 길 ▶▶▶
구 러시아공사관 ▶▶▶ 경희궁 ▶▶▶ 경복궁 ▶▶▶ 창덕궁 ▶▶▶ 창경궁

경복궁
📍 서울특별시 종로구 사직로 161
☎ 02-3700-3900
▼ 지하철 경복궁역 5번 출구, 광화문역 2번 출구

창덕궁
📍 서울특별시 종로구 율곡로 99
☎ 02-3668-2300
▼ 지하철 안국역 3번 출구

창경궁
📍 서울특별시 종로구 창경궁로 185
☎ 02-762-4868
▼ 지하철 혜화역 4번 출구

경희궁
📍 서울특별시 종로구 새문안로 45
☎ 02-724-0274
▼ 지하철 서대문역 4번 출구

덕수궁
📍 서울특별시 중구 세종대로 99
☎ 02-771-9951
▼ 지하철 시청역 2번 출구

랜드마크 찍고 달리기

mission 17

기차가 다니지 않는
기찻길을 따라
달려보세요

경의선, 경춘선숲길 런

서울에는 기차가 달리지 않는 기찻길이 두 곳 있습니다. 바로 경의선숲길과 경춘선숲길입니다. 경의선, 경춘선숲길을 아직 모르고 있는 분이 많더라고요. 이곳은 달리기에 정말 좋은 곳입니다.

경의선숲길은 크게 네 개의 구간으로 나뉩니다. 연남동 구간(연트럴파크), 와우교 구간(책거리), 신수·대흥·염리동 구간, 새창고개·원효로 구간입니다. 아쉽지만 철로가 전부 연결된 건 아니에요. 특히 공덕오거리 같은 곳은 길게 단절되어 있어요. 숲길 사랑방에는 기차도 서 있으니 사진도 찍어보세요. 처음에는 한 구간씩만이라도 달려보세요. 달리다가 힘드시면 철길 옆의 카페에서 카페인 충전 후 다시 달리세요. 경춘선숲길은 크게 주택가 구간과 화랑대역~담터마을 철길 구간으로 나눌 수 있습니다. 한꺼번에 달릴 필요는 없습니다. 내가 달리고 싶은 구간을 정해서 달려도 좋습니다. 두 길 모두 철길 양쪽으로 카페, 식당, 벽화 등이 이어져서 볼거리가 많습니다. 다양한 볼거리를 보면서 달리면 눈이 즐겁고 가끔은 달리고 있다는 사실을 잊기도 합니다.

경의선숲길 연남동 구간

먹거리 이야기도 잠깐 해볼까요? 경의선숲길에는 연남, 홍대입구역, 공덕시장 등이 있고 경춘선숲길에는 공릉동 국수거리가 있습니다. 러닝의 도착 지점을

경의선숲길(홍대 땡땡거리)

와우교구간(책거리)

신수·대흥·염리동 구간

새창고개·원효로 구간

먹거리를 즐길 수 있는 곳으로 정하는 것도 좋습니다. 열심히 달린 나에게 보상을 주어야죠.

사실 경의선, 경춘선숲길은 우연히 발견한 코스입니다. 홍대 앞을 자주 갔었지만 근처에 철길이 있는지 몰랐습니다. 몇 년 전에 김진환 제과점에서 식빵을 사고 홍대입구역 쪽으로 걷다가 우연히 경의선숲길을 보았습니다. 장년층에게는 철길에 대한 향수를, 청년들에게는 레트로 감성을 느끼게 해주는 곳이었습니다.

화랑대역(서울의 마지막 간이역)

경춘선숲길도 우연히 알게 되었어요. 서울에 있는 모든 대학교를 달려서 가보는 '대학 탐방 런(42페이지)'을 진행하던 중 서울여자대학교-육군사관학교-서울과학기술대학교-삼육대학교 구간을 달리면서 경춘선숲길을 만났습니다. 특히 육사삼거리부터 구리시 경계(담터마을)까지의 구간은 한적한 철길이었어요. 폐역이 된 서울의 마지막 간이역 화랑대역은 서소문역처럼 없어지지 않고 화랑대 철도공원으로 다시 태어났습니다. 이곳에서는 증기기관차와 노면전차, 무궁화호 열차도 볼 수 있습니다.

경춘선숲길 방문자센터 무궁화호객차

경춘선숲길 안내판

화랑대 철도공원

경춘선숲길 공원

'의정부 부대찌개 런(28페이지)' 중에 중랑천을 달리면서 우연히 발견한 철교를 보고는 "와, 여기 철길이 있어"라고 외친 기억이 납니다. 나중에 이 철교가 경춘철교이며, 경춘선숲길의 시작점이라는 것을 알게 되었습니다.

이것들이 모두 조각을 맞추어 퍼즐을 완성해가는 과정이라는 생각도 들어요. 경의선숲길의 한 조각을 알게 되고, 경춘선숲길도 우연히 알게 되고, '서울에 이런 길이 있네, 이 길을 달려보자' 이렇게 생각이 점점 확장되어 경춘선숲길도 달리고 경의선숲길도 달리고 나중에는 그 두 철길을 하루에 다 달리는 〈서울 철길 여행〉을 하게 되었습니다.

지금까지 특색 있는 길을 많이 달려 봤는데, 바다 보며 달리기, 성곽 달리기, 철길 달리기가 좋은 기억으로 남아요. 한강이나 한강의 지류 하천을 달리는 것이 일상 런(Normal Run)이라면 바다, 성곽, 철길 달리기는 특별 런(Special Run)이라고 할 수 있어요. 이 세 곳이 특별하다고 느껴지는 이유는 '새롭기' 때문입니다. 이제는 '달려서 하는 여행'을 일상생활 안으로 들여놓으려고 합니다. 걷기의 속도는 여행하기에 약간 느린 편입니다. 걷는 것이 더 꼼꼼하고 자세하게 여행할 수 있지만 달리는 속도가 좀 더 여행에 적당하지 않나 생각합니다. 경의선숲길, 경춘선숲길 모두 거리는 약 6km입니다. 만약 6km를 걷는다면 두 시간 정도 걸립니다. 두 시간이면 약간 힘들 수도, 지루해질 수도 있는 시간입니다. 그런데 6km 정도의 거리를 한 시간 정도 달려서 여행한다면 지루하지 않을 겁니다. 물론 6km를 달릴 수 있는 체력이나 여건이 안 되는 분들은 조금 어렵겠지만요. 6km 거리를 자주 달리다 보면 '6km 달리기 여행'이 가능해질 뿐더러 또한 즐거운 일이 됩니다. 꼭 6km가 아니어도 좋습니다. 1km도 좋고 3km도 좋습니다. 하지만 달리다 보면 어떻게든 6km까지 충분히 달릴 수 있고, 달리게 된다고 확신합니다. 직접 달리면서 찾아내는 멋진 풍경은 눈에 담고 좋은 느낌은 가슴에 담고 나중에 추억할 수 있도록 사진으로도 담으세요..

랜드마크 찍고 달리기

여기를 달려보세요

두 길 모두 철길을 따라 도심을 통과하는 산책로로 조성되어 있어요.
따라서 보행자가 많습니다. 속도를 줄이고 달리기의 재미에 집중해 보세요.

① 경의선숲길

효창공원앞역 ▶▶▶ 새창고개 ▶▶▶
신수·대흥·염리동 구간 ▶▶▶
와우교 구간(책거리) ▶▶▶
연남동 구간(연트럴파크)

경의선숲길 사랑방
▶ 지하철 효창공원앞역 5번 출구 도보 8분

---

② 경춘선숲길

월계역 ▶▶▶ 경춘철교 ▶▶▶ 행복주택 ▶▶▶
공릉동 도깨비시장 ▶▶▶ 화랑대역 ▶▶▶
구 화랑대역 ▶▶▶ 태릉선수촌 ▶▶▶ 담터마을

경춘철교
▶ 지하철 월계역 1번 출구에서 도보 15분

mission 18

소설을 읽고 등장하는 장소를 달려서 찾아가 보세요

소설 런

랜드마크 찍고 달리기

영화나 드라마를 보다 아는 장소가 나오면 '어, 저기 가 봤는데' 하는 반가운 마음이 듭니다. 책 역시 마찬가지입니다. 특히 제가 태어나고 자랐던 서울의 여러 장소가 나오는 소설을 읽으면 더 몰입해서 보게 됩니다. 그리고 러너의 본능이 발동하죠. '이곳들을 달려서 가보고 싶다.'

제가 좋아하는 어느 소설은 마포가 배경입니다. 그래서 마포(마포종점) 이외에도 여의도, 이화동(이화장, 낙산공원), 대학로, 창경궁, 인사동, 종각(보신각), 당인리 발전소 등 서울의 여러 장소가 등장합니다.

러닝 크루 안에서 책을 좋아하는 친구들에게 물어보았습니다.

"혹시 책에 등장하는 장소들을 달려서 가볼 생각인데 어때요, 같이 달려 볼래요?"

단호박 식혜가 우리를 기다리고 있어!

토요일 오전, 세 명의 러닝메이트와 소설 속 공간을 만나러 이화장 앞에서 만났습니다. 다행히 비가 오지 않는 쾌청한 날씨입니다.

이화장 정문 우측에 있는 이화동 벽화마을로 향하는 계단으로 낙산성곽이 보일 때까지 올라갑니다.

성곽에 오르면 서울시 전경이 펼쳐집니다. 성곽길을 따라 오른쪽으로 내려갑니다. 5분쯤 내려가면 오른쪽에 남산서울타워가 보이고, 더 아래쪽으로는 흥인지문이 보입니다. 한양도성박물관을 끼고 돌아 이화사거리까지 달립니다.

방송통신대학교 방향으로 우회전. 대학로 마로니에 공원을 거친 후 건널목을 건너 서울대학교 의과대학에 도달합니다.

성균관대학교 입구를 지나 창경궁에서 입장권을 구입합니다. (성인 1,000원).

이화장

창경궁의 궐문은 홍화문. 명정전을 지나 우측으로 걷다 보면 책에 등장하는 경춘전이 나옵니다. 율곡터널을 지나고 창덕궁의 궐문인 돈화문을 거쳐 10시 20분쯤에 인사동에 닿았습니다.

여기까지의 러닝 거리가 약 6km입니다. 반 정도 왔으니 잠시 쉬기로 합니다. GPS워치의 잠시 멈춤 버튼을 누르고 근처의 전통찻집에 들어가서 시원한 단호박 식혜와 따뜻한 쌍화차를 주문합니다.

대학로 마로니에 공원

약간의 휴식 후 보신각으로 갑니다. 때마침 전통 복장을 갖춘 보신각 경비대장님이 등장하셔서 함께 사진을 찍었습니다. 교보문고 광화문점을 지나고, 서대문을 지나고, 애오개역을 지나고, 공덕오거리를 지나고, 마포우체국에 다다릅니다.

자, 이제 거의 다 왔습니다. 마포전차 종점(3.1운동 만세 시위지)으로 다 함께 달려갑니다.

여기까지의 거리가 13km. 충분히 달렸으니 오늘은 마포전차 종점을 러닝 종점으로 합니다.

마포종점 표지석

1. 이화장 (9시 3분, 러닝 시작)
이화장은 대한민국 초대 대통령 이승만이 개인 사저(私邸)로 거주하던 곳입니다. 예전에는 이화동 일대가 배밭이었다고 해요.

2. 낙산성곽 (9시 14분)
오르막길을 걷다 보면 성곽이 나옵니다. 성벽을 따라 뛰는 맛이 색다릅니다.

508shop 앞

낙산성곽서1길

낙산성곽

낙산성곽에 서서 앞을 보면 인왕산이 보이고, 왼쪽으로는 남산, 오른쪽으로는 멀리 백악산이 보입니다.

3. 대학로 (9시 30분)
지금 서울대학교는 신림동에 있지만, 1970년대 초반까지 서울대학교 단과대학은 동숭동에 있었습니다. 그래서 서울대학교 근처에 있던 도로에 '대학로'라는 이름이 붙여졌습니다.

4. 서울대학교 의과대학 (9시 35분)
1975년에 서울대학교는 의과대학 본과만을 남기고 곳곳에 나뉘어 있던 단과대학을 모두 관악캠퍼스로 이전하였습니다.

5. 창경궁(9시 46분) 경춘전(9시 58분)
창경궁은 대비와 왕실 어른들이 거주 공간으로 사용한 궁입니다. 경춘전은 창경궁의 침전으로 사용되었습니다. 사극에 자주 등장하는

서울대학교 의과대학 입구

창경궁 경춘전

창경궁

인현왕후도 경춘전에서 지냈습니다.

6. 인사동 (10시 21분)

인사동은 우리나라의 전통문화를 접할 수 있어 외국인들의 서울 관광 코스에 빠지지 않고 등장합니다. 전통찻집과 토속음식점이 밀집되어 있고, 골동품 가게, 화랑도 많습니다.

외국계 프랜차이즈나 영어 간판을 쓰는 가게들도 인사동에서는 한글 간판을 달고 있습니다.

7. 보신각 (10시 59분)

보신각은 매년 12월 31일에서 1월 1일이 되는 자정에 보신각종을 33번 치는 '제야의 종' 행사로 유명합니다. 수많은 시민이 보신각 앞에 모여 타종을 기다리는 우리나라의 대표적인 새해맞이 행사입니다.

8. 마포우체국 (11시 56분)

우체국은 편지를 전달하기도 하지만, 편지를

인사동

보관해 주기도 합니다. 바로 '우편사서함' 제도인데요, 우체국에 설치된 개인을 위한 우편함을 말합니다. 사서함에는 고유 번호가 있어서 이 번호가 쓰인 우편물은 사서함으로 들어가죠. 모든 우체국에 있는 것은 아니고 규모가 큰 우체국에 있습니다.

9. 마포전차 종점 표지석 (12시 5분, 러닝 종료)

은방울자매의 노래 '마포종점'으로도 유명한 마포전차 종점은 독립운동 유적지입니다.

3·1 운동 만세시위지임을 알리는 표지석이 건물 앞 화단에 설치되어 있습니다.

보신각

은방울자매는 원조 걸그룹이라고 할 수 있지!!

마포우체국

여기를 달려보세요

이화장 ▶▶▶ 이화동 벽화마을 ▶▶▶ 낙산성곽 ▶▶▶ 한양도성박물관 ▶▶▶ 이화사거리 ▶▶▶ 대학로 마로니에 공원 ▶▶▶ 서울대학교 의과대학 ▶▶▶ 성균관대학교 입구 ▶▶▶ 창경궁 ▶▶▶ 율곡터널 ▶▶▶ 창덕궁 ▶▶▶ 보신각 ▶▶▶ 교보문고 광화문점 ▶▶▶ 경희궁 앞 ▶▶▶ 서대문 ▶▶▶ 공덕오거리 ▶▶▶ 마포우체국 ▶▶▶ 마포전차 종점

🏃 13.6 Km

이화장
- 서울 종로구 이화장1길 32 우남이승만박사기념관
- 02-762-3171
- 혜화역 2번 출구에서 도보 672m

랜드마크 찍고 달리기

mission 19

날개가 그려진 벽화에서 사진을 찍어보세요

날개 벽화 런

흥인지문(동대문)에서 한양도성 순성길을 따라서
북쪽으로 달리다가 이화동 벽화마을의 천사
날개 벽화를 발견했습니다. 예전에 보라매공원
러닝을 하면서 옆면에 천사 날개가 그려진
버스를 보았습니다. 그리고 경춘선숲길을 따라서
한국과학기술대학교로 달려가는 도중에 나비
날개 부조(浮彫) 벽화를 발견했고, 서울둘레길을
달리면서 성내천에서도 날개 벽화를
발견했습니다.

이화동 벽화마을 천사 날개 벽화

날개를 발견한 김에 '날개 벽화 런'이라는 주제로
코스를 짜보았습니다. 첫 번째는 보라매공원에
있는 버스에 그려진 천사 날개에서 출발해서
이화동 벽화마을 천사 날개 벽화에 도착하는
코스(19.2km). 두 번째는 경춘선숲길 나비 날개
부조에서 출발해서 성내천 천사 날개 벽화에
도착하는 코스(30km)입니다. 성내천만 죽
달리다가 중간에 날개가 나오면 날개 사진을
찍고 계속 달려도 좋습니다. 성내천은 송파둘레길
21km 구간 중 일부이기 때문에 송파둘레길을
하프 코스 연습 삼아 달리면서 날개 사진을
찍어도 좋고, 서울둘레길 3코스(고덕-일자산
코스) 구간에 성내천이 포함되어 있으니 여기에
날개가 있구나 하고 지나가면서 눈으로 담으셔도
좋습니다. 성내천의 천사 날개를 만나는 방법은
다양합니다.

날개 그림이 있는
버스 봤어요?

보라매공원 날개 그림 버스

성내천 천사 날개 벽화

물론 벽에 그려진 날개가 아무런 의미가 없을 수도 있지만 '날개 런'이라는 이름을 붙여주고(김춘수 시인의 시 '꽃'처럼) 의미를 부여해서 달리면 또 하나의 재미있는 러닝이 될 거라고 생각합니다. 희망 사항이긴 하지만 이 코스가 많은 러너들에게 알려져서 "우리 날개 런 하러 갈까?" 또는 "우리 천사 만나러 갈까?" 이런 말이 나오게 되면 저는 정말 행복할 겁니다.

경춘선숲길 나비 날개 부조

여기를 달려보세요

① 날개 벽화 런 코스 1 🏃 **19.2 Km**

보라매공원 ▶▶▶ 농심 본사 ▶▶▶ 사육신공원 ▶▶▶ 한강대교 ▶▶▶ 삼각지역 ▶▶▶
서울역 ▶▶▶ 숭례문 ▶▶▶ 시청 앞 광장 ▶▶▶ 광화문광장 ▶▶▶ 청계천 ▶▶▶
흥인지문 ▶▶▶ 낙산 성곽길 ▶▶▶ 이화동 벽화마을

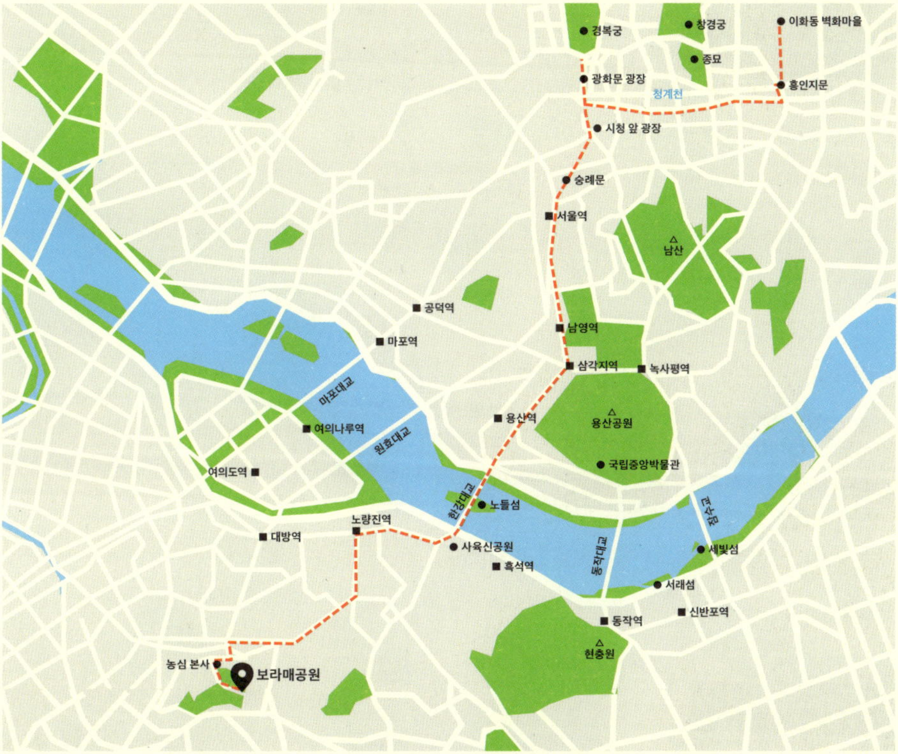

동작구시설관리공단 앞 버스
📍 서울특별시 동작구 보라매로5길 28
▶ 지하철 보라매병원역 1번 출구 도보 4분

랜드마크 찍고 달리기

여기를 달려보세요

② 날개 벽화 런 코스 2　　　　　　　🏃 30.1 Km

경춘선숲길 나비 날개 부조 벽화 ▶▶▶ 중랑천 ▶▶▶ 한강 ▶▶▶
탄천과 한강 합류부 ▶▶▶ 종합운동장 ▶▶▶ 성내천 입구 ▶▶▶
성내천 천사 날개 벽화(성내천 물빛 광장과 벽천분수대 사이에 있음)

경춘선숲길 오픈 갤러리 나비날개 부조 벽화
📍 서울특별시 노원구 공릉로 120 맞은편 벽
🚇 지하철 태릉입구역 4번 출구 도보 6분

mission 20

철길 건널목
네 곳을 달려서 다녀오세요

철길 건널목 런

랜드마크 찍고 달리기

드라마 〈나의 아저씨〉를 보던 중에 백빈 건널목을 보았습니다. 앗, 서울에도
철길 건널목이 있다니. 꼭 한 번 가봐야겠다고 생각했습니다. 그래서
실행했습니다.

서빙고 북부 건널목부터 시작합니다. 서빙고역 1번 출구로 나와서 우측으로
300m 정도 걸으면 반포대교가 보입니다. 이 건널목은 반포대교의 아래쪽에
위치해 있습니다. 건널목의 존재를 모르면 잘 안 보입니다. 잠수교 북쪽에서
동서 방향으로는 자전거를 타거나 달려서 자주 지나다녔지만 잠수교
북단지하차도 바로 옆에 철길 건널목이 있다는 걸 몰랐습니다. 강변북로를
수없이 지나다녔지만 한 번도 안 보이다가 이번에 달리기로 건너고 나서야
건널목이 보이기 시작했어요. 시선과 마음을 주지 않으면 시간이 아무리
많이 지나도 보이지 않나 봅니다.

이촌역 쪽으로 달려갑니다. 이촌역 5번 출구
옆에 두 번째 건널목인 돈지방 건널목이
있습니다. 이촌역을 이용하시는 많은 분이
국립중앙박물관 쪽으로 향하기 때문에 돈지방
건널목의 존재를 잘 모르는 분이 많아요.
사람보다는 차량이 많이 다니는 건널목입니다.

다음은 백빈 건널목입니다. 드라마 〈나의
아저씨〉 촬영지로 유명해졌습니다. 조선시대
백씨 성을 가진 빈(후궁)이 이 근처에
살았다고 해서 붙여진 이름이라고 합니다.
땡땡거리라고도 불립니다. 텔레비전에도 자주 등장하고 러너들도 많이
갑니다. 주변에 노포도 많습니다. 건널목 주변을 사진으로 찍어보면 따스한

돈지방 건널목

느낌의 풍경이 담깁니다. 사람 냄새가 난다고 할까요. 그래서 더 친근한 장소로 느껴지는지도 모르겠네요. 〈나의 아저씨〉에서 건널목을 건너는 이선균 배우의 뒷모습을 보여주는 장면이 있는데 배우의 연기도 좋았지만 건널목의 느낌과 잘 어우러져서 쓸쓸함, 외로움 이런 감정들이 가슴에 쿵 하고 떨어지는 것 같았어요. 이렇게 장면에 어울리는 장소를 찾아내는 로케이션 매니저도 참 대단하다는 생각이 듭니다.

백빈 건널목

서울역 앞을 지나서 서소문 건널목으로 갑니다. '미근동 기찻길'이라고도 불립니다. 서소문 고가차도 아래에 있습니다. 건널목 근처에는 오십 년 전에 복개된 하천 위에 지어진 서소문아파트가 있습니다. 이 아파트도 드라마에 가끔 등장합니다. 이곳을 보고 "여기에 철길 건널목이 있었네"라고 말하는 분이 많습니다. 옛날에는 서소문역이 있었는데 폐역이 되었다가 없어졌다고 합니다.

서소문 건널목

서빙고 북부 건널목이나 돈지방 건널목은 백빈 건널목에 비하면 조금 건조합니다. 사람보다는 차량이 더 많아요. 차들도 그냥 무심코 갈 길을 가는 듯한 느낌이랄까. 건널목 주변도 아파트나 빌딩 같은 큰 건물들이라서 운치가 있는 편은 아닙니다. 서소문 건널목은 많이 분주한 느낌이고요, 차단기가 쉴 새 없이 오르락내리락합니다.

이번 철도 건널목 달리기를 하면서 생각난 문장이 있습니다. '알면 사랑한다.' 알기 전에는 잘 느끼지 못하지만 알고 나면 눈길도 많이 가고 관심도 많이 가고 마음이 쓰이게 되죠. 달리기 전에는 존재를 몰랐던 철도 건널목들을 달리면서 알게 되었고, 이후로는 자가용을 운전하거나 버스를 타고 가면서 건널목이 눈에 띄면 반갑게 바라보게 됩니다. 예전에는 알지 못했던 것을 발견하고, 그것이 하나의 의미로 다가오고 의미들을 연결해서 '철길 건널목 달리기'라는 하나의 러닝 코스로 만들어 새롭게 달리게 되는 확장의 과정을 거치는 게 신기하기만 합니다.

서빙고 북부 건널목

국립중앙박물관

새남터기념성당

서소문역사공원

약현성당

알면 사랑하게 되고,
사랑하면 참으로 보게 되고,
볼 줄 알면 모으게 되니
그것은 한갓 모으는 것이 아니다.

여기를 달려보세요

서빙고 북부 건널목 ▶▶▶ 서빙고역 ▶▶▶ 국립중앙박물관 ▶▶▶ 돈지방 건널목 ▶▶▶ 용산 역사박물관 ▶▶▶ 백빈 건널목 ▶▶▶ 천주교 순교성지 새남터기념성당 ▶▶▶ 서소문 건널목 ▶▶▶ 서소문 역사공원 ▶▶▶ 약현성당

🏃 10.5 Km

철길 건널목에 기차가 접근하면 '땡땡' 소리가 나면서 보행 차단기가 내려갑니다. 기차가 지나가면 차단기가 다시 올라갑니다. 건널목을 한 번씩 건너가 보세요.

서빙고 북부 건널목
▶ 지하철 서빙고역
  1번 출구 도보 400m

돈지방 건널목
▶ 지하철 이촌역 5번 출구
  도보 130m

백빈 건널목
📍 서울특별시 용산구
  한강대로21가길 61 앞
▶ 지하철 용산역 1번 출구
  도보 700m

서소문 건널목
▶ 지하철 충정로역
  4번 출구 도보 350m

mission 21

성곽길을 달리고 오세요

성곽 런

성곽길의 가장 큰 매력은 풍경이 훌륭하다는 것입니다. 성곽은 산을 끼고 성벽이 축조되었기 때문에 성곽을 포함한 주변 환경이 수려합니다. 성곽의 특성상 오르막과 내리막이 있습니다. 올라가는 건 힘들지만 올라가기만 하면 멋진 전망이 나를 기다리고 있습니다.

1. 수원 화성

화성장대에서 바라보는 수원시 전경은 아주 멋집니다.

물론 산책하듯 걷는 분들이 많기 때문에 달리기는 어려울 수도 있습니다. 이곳을 꼭 달려야겠다는 것보다는 걷뛰(걷다가 뛰다가)하는 것을 추천합니다. 좋은 풍경은 걸으면서 보시고 달릴 여건이 되었을 때는 천천히 달리면서 화성 전체를 즐겨보세요.

저는 성곽길을 따라 시계 방향으로 회전했습니다. 달리다 보면 장안문, 창룡문, 팔달문, 화서문 등과 성곽 시설물들이 계속해서 등장해 지루할 틈이 없습니다. 또한 성벽 주변에는 도로도 있고 주택가도 있고 시장도 있고 카페도 있고 식당도 있습니다. 조용하다가도 분주하고 고즈넉하다가도 웅장한, 풍경의 종합 선물 세트 같습니다.

화성장대

화서문

장안문

연무대(동장대)

2. 한양도성 순성길

화성과 마찬가지로 한양도성은 수도의 방어를 위해 쌓은 성곽이므로 산 쪽으로는 오르막이 상당히 많습니다. 서울둘레길 8개 코스는 서울의 외곽을 도는 157km 코스이고, 한양도성 순성길은 서울의 내부를 도는 22km 코스입니다. 수원 화성은 멸실 구간이 거의 없지만, 한양도성 순성길은 흥인지문과 숭례문 구간이 멸실된 상태입니다. 돈의문과 소의문도 일제 강점기 때에 멸실되었습니다.

낙산 구간

  저는 시계 반대 방향으로 성곽길을 돌았습니다. 인왕산 구간의 경사가 너무 가파르기 때문이었는데요, 시계 방향으로 돌게 되면 이 급경사 구간을 올라가야 합니다. 체력이 많이 소진되는 구간이니 참조하시기 바랍니다. 장충체육관 뒷길 근처에서는 성곽 위에 드리워진 왕벚꽃 아래로 달리는 기분이 상쾌했어요. 한양도성 순성길은 달려서 서울 한 바퀴를 둘러보는 최고의 코스라 할 수 있습니다.

백악산 구간

  그런데 유의해야 할 점이 있습니다. 북한산 한양도성의 입산 가능한 시간을 반드시 확인하셔야 하는데요, 여름(5~8월)은 07:00~19:00, 겨울(11~2월)은 09:00~17:00, 봄·가을(3~4월, 9~10월)은 07:00~18:00입니다.

한양도성 순성길 동판 표지

여기를 달려보세요

수많은 달리기 코스 중 다섯 손가락 안에 꼽는 매력적인 코스입니다. 성벽 위를 달릴 수 있다는 특별한 경험이기 때문인데요, 오르막 구간이 많지만 충분히 감수할 만합니다. 오르막에서는 걸으면서 주위의 풍경을 바라보세요. 그리고 산책하는 분들과 부딪히지 않도록 조심하세요.

① 수원 화성

화서문(서문) ▶▶▶ 장안문(북문) ▶▶▶ 방화수류정 ▶▶▶ 동암문 ▶▶▶ 창룡문(동문) ▶▶▶ 팔달문(남문) ▶▶▶ 서남암문 ▶▶▶ 화성장대 ▶▶▶ 화서문

수원 화성
- 📍 경기 수원시 장안구 영화동 320-2
- ☎ 031-290-3600
- ▼ 지하철 수원역이나 화서역에서 버스 탑승. 장안문(장안공원) 하차

② 한양도성 순성길

돈의문 터 ▶▶▶ 서소문(소의문) 터 ▶▶▶ 숭례문 ▶▶▶ 광희문 ▶▶▶ 흥인지문 ▶▶▶ 혜화문 ▶▶▶ 숙정문 ▶▶▶ 창의문 ▶▶▶ 돈의문 터

돈의문 터
- 📍 서울특별시 종로구 평동 112
- ▼ 지하철 서대문역 4번 출구 도보 4분

숭례문
- 📍 서울특별시 중구 세종대로 40
- ▼ 지하철 서울역 4번 출구 도보 4분

흥인지문
- 📍 서울특별시 종로구 종로 288
- ▼ 지하철 동대문역 7번 출구 도보 1분

mission 22

드라마 촬영지를 직접 달려보세요

드라마 촬영지 런

마라톤 경기의 기원이 된 마라톤 전투가 열렸던 마라톤 평원에서는 지금도 마라톤 경기가 개최됩니다. 전 세계 많은 마라토너가 그리스의 마라톤에서 달리고 싶어 합니다. 마라톤이 이곳에서 유래했으니까요. 직접 가서 보고자 하는 열망은 인간의 본능인 것 같습니다. 작가이자 러너인 무라카미 하루키의 책에도 그가 그리스의 마라톤에서 달렸던 이야기가 실려 있습니다.

창덕궁 1길　　　　　덕수궁 돌담길　　　　　낙산공원　　　　　백빈 건널목

최근의 드라마는 장르가 다양하게 세분되었습니다. 저의 경우는 달리기와 음악과 진지한 주제를 탐구하는 장르를 좋아합니다. 그래서 육상선수가 등장하고 달리는 장면이 많이 나오는 〈런 온〉, 클래식 전공자들의 삶과 사랑 이야기인 〈브람스를 좋아하세요?〉, 녹록지 않지만 결국은 가치 있는 삶을 살아가는 사람들의 이야기인 〈나의 아저씨〉를 재미있게 봤습니다. 그래서 찾아갔습니다. 이 배우들이 연기했던 장소로. 물론 달려서 말이죠.
서울 달리기를 하면서 중간중간 점찍어 두었던 드라마 촬영지들을 순서대로 연결해서 한 번에 달리는 코스를 짰습니다. 가장 좋아하는 장소는 용산의 철길 건널목인 '백빈 건널목'입니다(153페이지 '철길 건널목 런'에도 나오는 곳입니다). 기차가 올 때마다 '땡땡' 소리가 들리면서 차단기가 내려갔다가 기차가 지나가면 차단기가 다시 올라오는 장면은 향수를 자극합니다. 이런 곳이 아직 서울에 남아 있습니다.

달렸던 장소 중에서 가장 많이 드라마에 등장했던 장소는 '감고당길'입니다.

랜드마크 찍고 달리기

지금은 서울공예박물관이 된 옛 풍문여자고등학교에서 덕성여자고등학교를 지나 정독도서관까지 이어지는 길입니다. 제 지인 중에 덕성여자고등학교를 다닌 분이 있는데 아담한 감고당길은 은행나무가 많고 고즈넉하면서 조용해서 좋았다고 회상합니다. 요즘은 너무 정신없는 길이 되어서 아쉽다고 하네요. 이곳은 〈도깨비〉, 〈런 온〉, 〈그해 우리는〉에서도 등장하죠. 로케이션 매니저들이 특히 좋아하는 장소인가 봅니다.

<mark>덕수궁 돌담길</mark>도 드라마에 자주 등장합니다. 돌담길을 걷는 연인들은 헤어진다는 속설은 돌담길 북쪽에 가정법원이 있었기 때문이라고 합니다. 또 덕수궁 돌담길이 등장하는 대중가요도 여럿 있습니다. 덕수궁 왕궁 수문장 교대식이 시작된 이후로 외국인 관광객도 많아지고, 길거리 공연도 있고, 줄이 길게 늘어선 와플 맛집도 있고, 정동교회 부근에는 경찰도 있고, 길지 않은 돌담길이지만 다양한 삶의 모습들을 볼 수 있습니다.

덕수궁 돌담길

<mark>창덕궁에도 돌담길</mark>이 있습니다. 돈화문을 정면에서 바라보았을 때 왼편으로 돌담길이 시작됩니다. 돌담길을 따라 올라가면 종로구립 고희동 미술관이 나오고 왼편 오르막길로 가면 <mark>중앙고등학교</mark>가 나옵니다. 창덕궁 돌담길 근처에서는 〈그해 우리는〉을, 중앙고등학교에서는 〈도깨비〉를 촬영했습니다. 또한 중앙고등학교는 〈겨울 연가〉의 촬영지이기도 합니다.

중앙고등학교

갈월동지하차도

경희궁

<나의 아저씨> 촬영지 중에 아이유가 지나가는 터널이 '갈월동지하차도'라고 인터넷에 나와 있어서 이곳을 찾아갔는데 드라마 장면과 비슷한 터널이 없었습니다. 마침 근처에서 일하시던 환경미화원 분께 드라마 장면 사진을 보여드리면서 이 터널이 어디에 있는지 물어보았어요. "남영역 근처에 터널이 세 개 있는데 그중 하나가 아닐까요"라고 하셔서 세 곳을 다 가보았지만 결국 사진과 일치하는 곳이 없어서 '갈월동지하차도'라는 표지가 있는 곳 터널을 사진 찍었습니다.

옛 서울고등학교가 있었던 경희궁에서는 박은빈 배우가 출연했던 드라마 <브람스를 좋아하세요?>를 촬영했습니다. 서울에 있는 다섯 궁궐 중에서 입장료 없이 들어갈 수 있는 궁궐입니다. 관람객도 많지 않고 조용한 편입니다. 돌담을 포함한 궁궐 한 바퀴의 거리가 약 500m 정도 됩니다.

녹사평 육교는 <이태원 클라쓰> 촬영지로, 새로운 남산서울타워 조망지로 떠오른 곳입니다.

'드라마 촬영지 런'의 묘미는 '찾아가는 즐거움'입니다. 특정 촬영지를 찾아가다 보면 평소에 다녔던 길이지만 보지 못했던 보물 같은 곳을 발견할 때가 많습니다.

'드라마'라는 테마로 러닝 코스를 짰지만, 역사를 좋아하시는 분들은 '3.1 운동 유적지 런'을, 건축을 좋아하는 분들은 '서울 건축 100년 런'이라는 테마로 오래된 건물을 찾아서 러닝을 해보셔도 좋습니다. '발견하고 연결하기'는 정보화 사회뿐 아니라 러닝에도 적용할 수 있습니다.

> **드라마 촬영지 런 사용법**
>
> 1. 네이버 지도 > 길찾기 > 도보
> 2. '출발지'와 '도착지'에 내가 좋아했던 드라마의 촬영 장소를 입력합니다. > '길찾기' 클릭
> 3. '경유지'에 드라마 촬영지를 추가로 입력합니다. > '길찾기' 클릭
> 4. 그려진 지도를 스마트폰에 저장합니다.
> 5. 재미있게 달립니다.

드라마 런으로 달릴 수 있는 촬영지

백빈 건널목 - 〈나의 아저씨〉
용산가족공원 - 〈런 온〉
녹사평 육교 - 〈이태원 클라쓰〉
갈월동지하차도 - 〈나의 아저씨〉
덕수궁 돌담길 - 〈도깨비〉, 〈런 온〉
콘코디언빌딩, 구세군 중앙회관 - 〈브람스를 좋아하세요?〉
경희궁 - 〈브람스를 좋아하세요?〉
덕성여자대학교 종로캠퍼스 운현궁 양관 - 〈도깨비〉
감고당길 - 〈도깨비〉, 〈런 온〉, 〈그해 우리는〉
창덕궁길 124, 창덕궁1길 - 〈그해 우리는〉
중앙고등학교 - 〈도깨비〉, 〈겨울연가〉
낙산공원 - 〈나의 아저씨〉, 〈런 온〉

녹사평 육교

감고당길

윤보선길

용산가족공원

낙산공원

여기를 달려보세요

용산역 ▶▶▶ 백빈 건널목 ▶▶▶ 용산가족공원 ▶▶▶ 녹사평역 ▶▶▶ 숙대입구역 🏃 25.8 Km
갈월동지하차도 ▶▶▶ 덕수궁 돌담길 ▶▶▶ 구세군 중앙회관 ▶▶▶ 콘코디언빌딩 ▶▶▶
경희궁 ▶▶▶ 안국역 ▶▶▶ 감고당길 ▶▶▶ 창덕궁 ▶▶▶ 중앙고등학교 ▶▶▶ 낙산공원

칼럼 ⑥ 겨울 러닝

겨울에 집에만 있으면 체력이 약해지고 면역력 저하로 감기에 걸리기도 쉽습니다. 일단 현관문 밖으로만 나가면 어떻게든 달리게 됩니다. 그러나 겨울 러닝은 다른 계절에 비해 고려해야 할 점들이 있습니다.

1. 보온

상의는 스포츠 내의 또는 반소매, 긴팔, 겉옷(바람막이, 조끼, 플리스 등 기상 상황에 맞게 선택)을 여러 겹 겹쳐 입고, 하의는 레깅스(또는 타이츠) 위에 한 겹을 더 겹쳐 입는 것이 좋습니다. 그리고 무릎 보호대도 많은 도움이 됩니다(겨울에는 무릎관절 부상 위험이 커지므로 착용하는 것이 좋습니다).

겨울에는 손끝부터 얼기 때문에 장갑이 필요한데요, 겨울 러닝용 티셔츠 중에는 소매 부분에 손을 덮을 수 있게 해서 장갑 기능을 대신하는 제품이 있습니다. 장갑은 플리스 장갑이 가볍고 보온 효과도 좋습니다.

일반 러닝화는 통풍이 잘되도록 설계되어 있습니다. 신발 안에서는 생각보다 많은 열이 발생하기 때문에 자동차로 치면 '공랭식'으로 신발 내부의 열을 식혀줍니다. 그런데 겨울에 달릴 때 일반 러닝화를 착용하면 발이 무척 시립니다. 가끔 신발 앞쪽에 테이프를 붙여서 들어오는 바람을 막는 분도 있지만 테이프는 달리다 보면 쉽게 떨어집니다. 두 가지 대안을 제안합니다.

- **고어텍스(Goretex) 재질의 운동화 착용**

고어텍스는 빗물의 유입을 막아주고 내부 습기는 발산하는 기능성 섬유입니다.
비가 많이 올 때나 겨울 러닝에 적합합니다.
저는 브룩스 고스트(Brooks Ghost) 고어텍스 제품을 착용합니다.

- **나이키 쉴드 제품**

나이키 러닝화 중에는 겨울 러닝용 〈쉴드〉 제품이 있습니다.
겨울 러닝용으로 많은 러너가 착용하고 있습니다.

2. 스트레칭

달리기를 시작하기 전에 충분한 스트레칭으로 몸을 덥혀줍니다(Warm up).
달리기를 마친 후에는 땀이 식으면서 체온을 빼앗기지 않도록 주의합니다.
그리고 쿨 다운(Cool down) 스트레칭도 꼭 해주세요.

현관문 밖으로만 나가면 어떻게든 달리게 됩니다.

칼럼 ⑦ 영양 보충 식품(Sports Nutrition)

러닝 중에 섭취하는 식품에는 물, 이온 음료, 파워젤, 아미노산 보충제 등이 있습니다. 다이어트 등의 이유로 공복 상태로 달리면 힘든 러닝이 될 수 있습니다. 너무 배부른 상태도, 너무 배고픈 상태도 러닝에는 도움이 되지 않습니다.

1. 물

목이 마르면 이미 몸에서 수분 고갈이 시작되었다는 신호입니다. 그 전에 미리 물을 충분히 마시는 것이 좋습니다. 대회 당일에는 대회 시작 전에 물을 많이 마셔서 체내에 수분을 축적해 두세요(출발 두 시간 전부터 가능하면 2리터 정도). 대회 출발 전까지는 화장실을 자주 가게 되지만, 러닝 중에는 수분이 땀으로 많이 배출되기 때문에 소변으로 배출되는 양이 매우 적어집니다. 위장에 음식물이 들어가면 위장은 연동 운동을 합니다. 그런데 러닝 중에는 소화기관들이 적극적으로 기능하지 않습니다. 근육을 움직여야 하니까요. 그래서 달리는 중에는 물을 한꺼번에 삼키지 말고 종이컵을 살짝 오므려서 여러 번 나누어 마시는 것이 좋습니다. 이 동작이 잘 안 되는 초심자들은 잠깐 멈춘 후에 물을 마시고 다시 달리는 것이 좋습니다.

2. 이온 음료

땀으로 수분뿐 아니라 염분도 빠져나가기 때문에 염분을 보충해 주는 전해질 음료를 마십니다(군대에서는 하절기 훈련 중 탈수 현상을 방지하기 위해 병사들에게 포카리스웨트 분말을 배급해 줍니다). 이온 음료에는 탄수화물도 포함되어 있어서 운동에 도움을 줍니다. 너무 많이 섭취하지 마시고 물 한 번, 이온 음료 한 번 이런 식으로 수분과 염분을 고루 섭취하는 것이 바람직합니다. '소량씩 자주'는 러닝 중 섭취의 기본 원칙입니다.

3. 파워젤

젤 형태로 되어 있으며 짧은 시간 내에 빠르게 에너지를 공급해 줍니다. 풀코스 경기 중에는 배가 고프기 전에 미리 먹어 둡니다. 저는 10km, 20km, 30km 이렇게 거리를 정해 두고 먹습니다. 급수대가 보이기 시작하면 파워젤을 먹을 준비를 합니다. 물과 함께 먹어야 체내 흡수가 빨라집니다. 시중에 다양한 제품들이 판매되고 있으므로 본인의 취향에 맞는 것으로 선택하면 됩니다. 당분이 함유되어 있어 섭취 후 손이 끈적해지면 물로 씻어 줍니다. 트레일 러닝 때는 파워젤을 꼭 준비해야 합니다.

4. 아미노산 보충제

지구력과 운동 수행 능력을 회복하는 기능을 합니다. 분말 형태와 액상 형태가 있는데 분말 형태 제품은 물과 함께 드시는 게 좋습니다.

5. 기타

국내 마라톤 대회에서는 초코파이, 바나나 등을 제공합니다. 대회 경험이 축적되면 달리면서도 수월한 섭취가 가능해집니다.

칼럼 ⑧ GPS 러닝 스마트 워치와 스마트폰용 러닝 앱

1. GPS 러닝 스마트 워치

GPS워치를 손목에 차고 달리시는 분들이 점점 많아지고 있습니다. 이 기기는 러너들에게 달린 거리, 페이스 등의 다양한 데이터를 실시간으로 확인할 수 있게 해줍니다. 달렸던 기록들이 데이터로 남아 있기 때문에 자신의 발전 모습을 확인할 수 있습니다. 또 러닝 기록에 메모 기능을 활용하면 간편하게 훈련일지를 쓸 수 있습니다. 예를 들어 러닝 속도를 차츰 상승시키는 가속주(Build up) 훈련을 할 때 내가 지금 달리는 속도보다 얼마만큼 가속하겠다 생각하면 워치에 표시되는 페이스를 확인하면서 달리면 됩니다.

1) 가민(Garmin)

가장 많이 사용하는 GPS 워치입니다. 가민의 장점은 '가볍다'(37g-포어러너55)는 것이고 단점은 잔고장이 많다, 배터리 성능이 떨어진다, 러닝 데이터의 업로드·다운로드 시 서버 안정성 문제가 있다 등이 있습니다.

2) 순토(Suunto)

내구성과 배터리 안정성이 좋지만 가민에 비해 무겁다는 평도 많습니다.

3) 코로스(Coros)

마라톤 세계기록 보유자인 엘리우드 킵초게를 광고 모델로 내세운 제품입니다. 가성비를 앞세워 가민과 순토에 도전장을 냈습니다.

4) 스마트 워치(Smart watch)

갤럭시폰이나 아이폰에서 출시하는 스마트 워치도 러닝용 앱을 다운로드해서 사용할 수 있습니다.

2. 스마트폰용 러닝 앱

1) NRC(Nike Run Club)

NRC는 러닝 전용 무료 앱입니다. 앱에서 친구 맺은 러너들의 달린 거리를 주, 월, 년 단위로 볼 수 있습니다. 동기 부여가 필요할 때 친구들의 달린 거리를 보세요. 단, 경쟁심에 사로잡히지는 마시고요. 내가 친구보다 조금 더 달린다고 내 삶에서 크게 달라지는 것은 별로 없습니다.

2) 스트라바(STRAVA)

스트라바는 자전거 라이더들이 많이 사용합니다. 2020년 일부 기능을 유료로 전환했지만 아직은 무료로 사용할 수 있습니다(유료 사용자와 무료 사용자가 사용할 수 있는 기능에 차이가 있습니다). 스트라바에는 '경쟁 시스템(유료 기능)'이 있어서 친구로 설정된 이들의 기록을 볼 수 있습니다.

3) 기타

런키퍼(Runkeeper), 아디다스, 런데이, 언더아머의 맵마이런(MapMyRun) 앱도 있습니다. 런데이는 한빛소프트에서 운영하는 러닝 플랫폼입니다. 언더아머는 신발 안에 칩을 탑재해서 러닝 데이터를 연동된 스마트폰의 맵마이런으로 보내주는 첨단 기능도 있습니다. 스마트폰 없이 달려도 러닝 종료 후 스마트폰으로 러닝 기록을 확인할 수 있습니다. 이 기능은 언더아머 신발 구매 후 일 년 동안 무료로 사용할 수 있습니다.

인공위성이 쏘는 GPS 신호를 러닝 스마트 워치나 스마트폰으로 수신하는 과정에서 신호가 지연되는 등의 이유로 아프리카에도 갔다 오고 수퍼맨처럼 지구도 돌고 물고기처럼 한강 남북을 왕복하는 등의 우스운 현상이 가끔 발생합니다. 그래도 과거에 비하면 지금은 이런 현상은 많이 줄어들었습니다.

interview

러너의 피부 건강

저는 러닝을 시작한 지 만 10년이 넘었는데요, 초보 러너일 때부터 불과 몇 년 전까지도 모자만 쓰고 선크림을 바르지 않고 햇빛 아래에서 달렸어요. 그랬더니 지금 피부 상태가 별로 좋지 않아요. 기미도 많고요. 후회하고 있습니다. 늦었지만 지금부터라도 열심히 관리를 하려고 합니다. 첫 번째 질문입니다. 자외선은 피부에 어떤 영향을 미치나요?

자외선은 C, B, A로 구분할 수 있는데요, UVC는 오존층에 흡수되어 지표면까지는 닿지 않습니다. UVB는 일광 화상부터 시작해서 각질 세포와 멜라닌 세포에 직접적인 해를 입혀서 피부암까지도 일으킬 수 있으니 반드시 차단해야 하는 자외선입니다. UVA는 장기적으로 노출되면 피부노화를 일으키는 핵심 원인이라고 알려져 있습니다.

선크림은 자외선을 어떤 방식으로 차단해 주나요?

선크림의 종류에는 유기성 자외선 차단제와 무기성 자외선 차단제가 있습니다. 유기성 제제는 고용량의 자외선을 흡수해서 저용량의 긴 파장으로 변환시키는 성질을 가지고 있습니다. 여러 가지 성분이 있지만 보통 단독 제제로 SPF 15(SPF: Sun Protection Factor, 자외선 차단 지수. UVB의 차단 효과를 표시하는 단위)를 넘기기는 어렵다고 알려져 있어요. 유기성 자외선 차단제는 두 가지 이상의 성분을 배합해서 사용하는 것이 일반적입니다. 무기성 자외선 차단제는 강시나 패왕별희 분장처럼 하얗게 보여서 예전에는 잘 사용하지 않았는데 최근에 제형이 개선되어 많이 사용하고 있습니다. 색소성 물질이 포함되어 있어서 흰색 도포 시 불투명한 막을 형성해

최민주

피부과 전문의
연세대학교 의과대학 졸업
@delimanjoo515

자외선과 가시광선을 반사판처럼 반사하는 형질을 가지고 있습니다. 많이 알려진 제제로는 이산화티타늄(titanium dioxide), 산화 아연(zinc oxide) 등이 있습니다. 최근에는 유기성과 무기성 자외선 차단제가 완전히 독립적으로 사용되기보다는 두 가지가 적절히 섞여 있는 경우가 많습니다.

남자의 경우는 선크림 바르는 것을 귀찮아하는 분들이 많아요. 얼굴이 하얗게 되는 데다 끈적이기까지 하니까 더 안 바르게 되는 것 같아요. 그런데 끈적임이 없는 자외선 차단제도 효과는 같은가요?

같습니다. 끈적임이 싫으시면 산뜻한 제제, 예를 들면 스프레이나 젤을 사용해 보세요. 크림이나 로션보다는 끈적임이 덜해요. 과거에는 끈적임이 심한 경우가 많았지만 최근에는 많이 개선되었어요.

선크림을 어느 정도 발라야 차단 효과가 극대화될까요?

$1cm^2$ 면적당 2mg을 발라야 합니다. 사람마다 얼굴의 면적이 다르겠지만 가로 20cm, 세로 20cm를 곱해 $400cm^2$라고 하면 0.8g을 바릅니다. 용량이 30g인 선크림이면 37.5일, 50g 용량이면 62.5일이면 소진되겠죠? 어떤 선크림을 두 달 이상 사용하고 계신 분들은 평소에 너무 적은 용량을 바르고 있다고 할 수 있어요.

선크림은 아끼지 말고 발라야 하는 제품이네요.

그런데 '나는 0.8g을 계량해서 바르는 게 너무 어려운 일이다'라는 분들은 로션이나 젤, 크림 제품의 경우 검지 손가락 한 마디만큼, 아니면 새끼손톱 혹은 완두콩만큼 짜서 발라 주세요. 러너에게는 UVB SPF 50 UVA PA++++라고 표기된 제품을 권장해 드려요. 귀, 관자놀이, 목에도 꼼꼼히 바르세요.

선크림을 바르고 러닝을 하다 보면 얼굴에 땀이 흐르게 되는데, 땀을 닦기 위해 손으로

문질러 닦다가 잘못해서 선크림이 눈에 들어가 따가움 때문에 레이스를 망칠 뻔했던 적이 있었어요. 선크림을 바른 후에 얼굴에 흐르는 땀을 어떻게 처리하면 좋을까요?

어려운 질문이네요. 땀을 문질러서 닦아내지 마시고 아기 목욕시킨 후 베이비 로션 바를 때 톡톡톡 바르듯이 손수건이나 손목 밴드로 톡톡, 두드려서 땀을 닦아 보세요. 모자나 헤드 밴드를 착용해서 이마로 흐르는 땀의 양을 줄이는 것도 한 방법입니다.

러닝을 마친 후에 피부는 어떻게 관리하는 게 좋을까요?

우선 가까운 화장실로 가셔서 38도가 넘지 않는 미온수로 세안하여 땀을 닦아낸 후 찬물로 달아오른 피부를 시원하게 쿨링해 주세요. 그 후에 보습제를 바릅니다.

여성 러너는 얼굴 이외에도 팔, 다리가 햇볕에 타는 것을 꺼리는 분들이 있습니다.

사실 얼굴만큼 관심이 크지는 않지만 저도 달리다 보니 팔다리가 많이 타더라고요. 선크림을 발랐지만 땀 때문에 선크림이 지워지는 걸 경험했습니다. 확실한 차단을 원한다면 긴소매 옷이나 팔토시 등으로 물리적 차단을 하는 게 좋아요. 그렇지만 긴소매 옷은 러닝할 때 땀이 나면 팔에 감기기 때문에 불편합니다. 긴소매 옷보다는 신축성이 좋은 팔토시를 착용하는 것이 더 좋을 것 같습니다. 땀이나 물에 잘 지워지지 않는 워터프루프 선크림을 바르는 것도 대안이 될 수 있을 것 같네요.

러닝을 하다 보면 발에도 땀이 많이 납니다. 최근 출시되는 러닝화는 통기성이 많이 좋아져서 러닝 중에 쿨링이 어느 정도 되긴 하지만, 달리는 동안 발은 땀으로 차 있어서 무좀(족부 백선)의 원인이 되기도 합니다. 효과적인 무좀 예방법을 알려주세요.

손가락을 모두 붙여서 천정의 조명 쪽으로 가져가 보시겠어요? 저는 손가락 사이에 틈이 많은 편이에요, 성상현 님은 틈이 별로 없네요. 발가락의 경우도 발가락 사이에 틈이 별로 없으신 분이 계세요. 그런 경우 무좀이 발생할 확률이 틈이 많은 분보다 더 높습니다.

그래요? 그건 몰랐습니다.

무좀은 발을 자주 씻고 발가락 사이를 시원하게, 선선하게, 건조하게 해야 합니다. 발가락 양말을 신거나 러닝 후에 땀에 젖은 양말은 벗고 흡습성이 좋은 면양말을 착용하세요. 무좀은 바르는 국소 항진균제를 2주간 도포하면 금방 없어집니다(금방 없어지는 만큼 금방 재발합니다). 그래도 없어지지 않고 남아 있다면 먹는 항진균제를 추가로 처방해서 치료합니다. 발톱 무좀균은 발가락 사이로 옮겨갑니다. 그리고 가족에게 전파되는 경우도 많아요. 빨리 치료하는 것이 좋습니다.

러닝 후에 발톱에 피멍이 드는 경우가 있습니다. 원인과 치료법이 궁금합니다.

발톱판에 큰 충격이 가해져서 발톱에 피멍이 들 수도 있지만 러너에게 러닝 후에 발생하는 피멍은 작은 만성적인 자극이 발톱에 반복적으로 가해져서 생깁니다. 토박스 공간이 여유 있는 신발을 착용하는 게 좋아요. 러닝화는 5~10mm 크게 신어야 합니다. 발톱은 한 달에 1mm 정도 컨베이어벨트처럼 일정한 방향으로 자라기 때문에 멍이 들었다고 해도 대부분은 큰 문제가 없습니다. 멍이 들었는데 내일 또 달려야만 한다, 누르면 아프다, 이런 상황이라면 약국에서 쉽게 살 수 있는 비스테로이드성 진통제 이부프로펜, 낙센을 복용하면 많은 도움이 될 겁니다.

선크림을 바르면 햇빛이 차단되어 비타민D 합성에 문제가 생기지는 않겠죠?

네, 문제가 생기지 않습니다.

러너에게 유익한 말씀 많이 해주셔서 감사합니다.

감사합니다.

달리기를 위해 달리기

4

GPS 아트로 그림을 그리세요

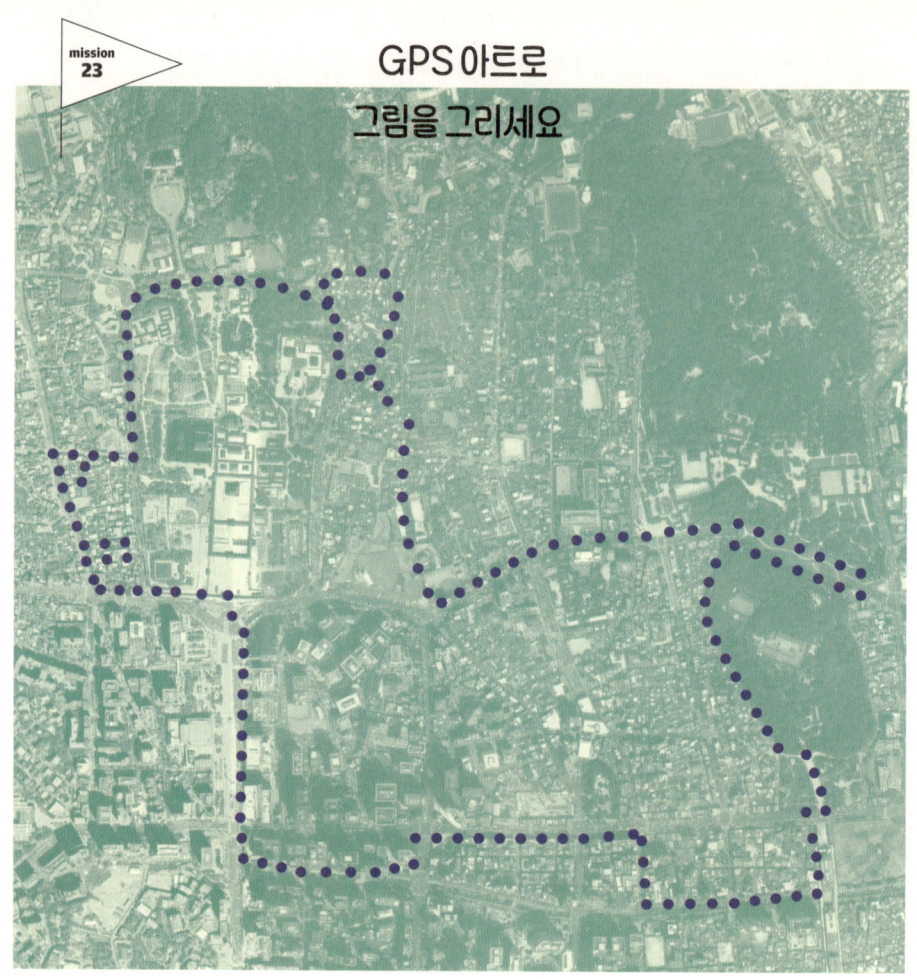

GPS 아트 런

GPS(Global Positioning System)가 우리 생활에 적용되면서 여러 가지 편리한 기기들이 등장했습니다. 자동차 내비게이션은 차 안에 있던 전국 지도와 서울 지도를 차 밖으로 밀어냈습니다. 스포츠 분야에도 응용이 되어 GPS 사이클링 컴퓨터, GPS 러닝 스마트 워치가 대중화되었습니다. 과거의 마라톤 대회에서는 1km 거리마다 버튼을 누르면 평균 페이스(Pace)를 계산해 주는 전자시계를 차고 달렸습니다. 이제는 GPS 기기가 내 러닝 거리와 페이스를 실시간으로 알려줄 뿐만 아니라 내가 달린 궤적까지 그려줍니다. '러닝 인구 확산 공로상'은 GPS에게 주어야 할지도 모르겠습니다. (GPS에는 아인슈타인의 상대성이론이 적용됩니다.)

GPS로 달린 궤적들을 살펴보면 재미있는 그림들이 있습니다. 고구마를 닮은 궤적도 있고, 천장에 매달린 굴비를 닮은 궤적도 있습니다. SNS를 통해 다른 사람들이 달린 궤적을 보면 강아지, 고양이, 붕어빵, 꽃 등 다양한 모양의 그림들도 많습니다. 그래서 'GPS 아트'라는 말이 생겼습니다.

몇 년 전만 해도 SNS에 GPS 아트 피드가 많이 올라왔습니다. 그런데 어느 순간부터 달리지도 않았는데 달린 것처럼 조작한 GPS 그림들이 SNS에 올라오기 시작했습니다. 실제로 달렸느냐 아니냐 진위를 따지는 논란이 일면서 사람들의 흥미도 식어버렸습니다. 물론, 열정을 다해서 정직하게 GPS 그림을 그리는 분도 많습니다.

여의도 고구마

여의도 외곽을 한 바퀴 돌면 고구마 그림이 그려집니다. 여의도를 한 바퀴 돌고 여의도 공원으로 들어오면 '갈라진 고구마' 그림이 나옵니다. 한 입 베어 문 고구마도 만들 수 있습니다.

주먹과 2020

2020년의 마지막 날, 사람들이 2021년 새해 카운트다운을 하기 몇 시간 전에 저는 러닝메이트와 함께 GPS 그림을 그리고 있었습니다. 그 무렵 SNS에 유난히 주먹을 표현한 GPS 그림이 많이 올라왔습니다. 그래서 주먹을 그린 후 그 아래에 몇 시간 남지 않은 2020년을 그릴 계획을 세웠습니다. GPS 그림을 그리기 적합한 장소를 물색하다가 문래동을 생각해냈습니다. 문래동은 일제강점기 때 방직공장들이 세워졌던 곳인데 계획도시로 건설되었기 때문에 도로가 바둑판 모양으로 되어 있습니다. 처음 달리는 길이지만 바둑판 모양이라면 편하게 GPS 그림을 그릴 수 있을 거라 예상했습니다. 그런데 막상 달려보니 도로 옆 인도가 좁은 곳이 많고 건널목도 많아서 편하게 달리지는 못했습니다. 또 도시의 높은 건물들은 GPS 신호의 송수신에 간섭을 주어서 러닝 궤적이 변형되기도 —약간 찌그러지거나

삐져나오거나— 했습니다(이런 경우 'GPS가 튄다'라고 말합니다). 주먹 모양은 크기가 커서 별로 이상하게 보이지 않았는데 숫자 2020은 숫자인지 아닌지 못 알아볼 정도로 궤적이 실제 달린 모양과 달랐습니다. 그렇지만 결과에 상관없이 정말 재미나게 달렸어요.

천장에 매달린 굴비

39번째 '지하철 런'(18개 역, 26.4Km, 236페이지 참고)을 마치고 NRC 앱을 확인 해보니 러닝 궤적이 흡사 굴비가 천장에 매달려 있는 모습이었습니다. 완전한 우연의 산물입니다.

강아지

경복궁, 창덕궁, 종묘, 삼청동, 청계천 등 서울 중심부의 유명 명소를 지나는 흥미진진한 코스입니다. '댕댕런'이라는 별명이 붙었습니다.

의도한 그림이든 의도하지 않았으나 우연히 재미있게 나온 그림이든 GPS 그림 그리기를 '달리기의 재미있는 한 분야'로 즐기시면 좋겠습니다.

GPS 아트는 '두 다리로 그리는 그림'이라고 말할 수 있습니다.

여기를 달려보세요

GPS 워치나 스마트폰 러닝 앱을 이용해 이동 궤적이 특정한 모양을 나타내도록 코스를 설계하여 달립니다. 여의도 고구마나 어린이대공원 붕어빵은 어렵지 않게 그릴 수 있는 GPS 그림입니다.

① 여의도 🏃 9 Km

여의도 한강공원을 기점으로 시계 방향 또는 반시계 방향으로 일회전합니다.

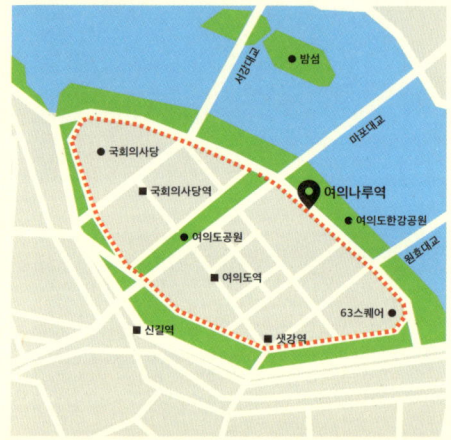

▶ 여의도 한강공원: 5호선
   여의나루역 하차

② 어린이대공원 🏃 4.1 Km

음악 분수를 기점으로 반시계 방향으로 일회전합니다.

▶ 어린이대공원: 7호선
   어린이대공원역 하차

mission 24

가장 긴
직선 코스를
달리고 오세요

직선 코스 런

달리기를 위해 달리기

유명 마라톤 대회의 코스들을 보면 직선코스가 별로 없습니다. 국내 최대 대회인 동아마라톤도 서울 중심가를 좌회전과 우회전을 반복하면서 달리다가 종합운동장으로 골인하는 코스이고, 세계 6대 마라톤 코스 중에서 보스턴마라톤만 뱀 모양의 직선 비슷한 형태이고 다른 대회들은 꺾은 선 모양의 코스입니다.

　국내에서 좌·우회전 없이 곧은 직선 형태로 달릴 수 있는 곳이 어딜까 생각하다가 시화방조제가 떠올랐습니다. 시선을 가리는 것이 아무것도 없어 탁 트인 수평선 너머를 바라보면서 시화방조제를 달렸습니다.

시화방조제 러닝 코스의 장점은 바다 위를 달린다는 점입니다. 방조제의 좌우 양쪽이 모두 바다입니다. 파도 소리도 들리고 갈매기 소리도 들립니다. 목표로 한 러닝 거리가 21km여서 두 시간 정도를 달려야 했습니다.

시화방조제 중간선착장

　같은 거리라고 해도 변화가 있는 코스와 변화가 없는 직선코스는 다르게 체감됩니다. 사람은 지루함을 잘 견디지 못합니다. 러닝이 지루해질 때 음악을 듣기 위해 블루투스 스피커를 준비해 갔습니다. 직선코스는 일단 단조롭습니다. 앞만 보면서 달려야 하는 상황이 하염없이 달리는 트레드밀(Treadmill) 같기도 합니다.

　트레이닝 효과가 좋은 무동력 트레드밀은 근력과 지구력이 함께 요구됩니다. 동력 트레드밀은 무동력 트레드밀보다는 운동 효과는 떨어집니다. 달리기 효과는 지면을 달리는 것이 가장 좋지만, 일 때문에 바쁘거나 비가 오는 상황에서는 트레드밀에서 달리는 것이 아예 달리지 않는 것보다 좋겠죠.

달리기는 기본적으로 혼자 하는 운동입니다. 혼자 달리면 자신의 페이스에 변화를 줄 수 있습니다. 페이스에 따른 내 몸의 반응도 관찰할 수 있고요. 10km까지는 집중력이 잘 발휘되는 편이지만, 달린 거리가 10km가 넘어가면 체력이 저하되고 지루함이 노크하기 시작합니다. 그래서 10km 이상의 거리를 달리고자 한다면 여러 명이 함께 달리는 것이 좋습니다. 약간의 경쟁 심리도 끼워 넣으면 서로 긍정적인 자극을 주는 러닝이 됩니다. 내가 힘들어도 함께 달리는 사람이 잘 달리고 있으면 뒤처지지 않으려고 노력합니다. 함께 달릴 때 샘솟는 에너지가 있습니다.

시화방조제 중간선착장　　　오직 직선　　　시화나래 휴게소

직선으로만 달리면 지루하지만 다른 감각에 집중할 수 있어!

시화방조제를 달릴 때 주의해야 할 점은 급수 및 보급 계획을 잘 세워야 합니다. 10km 러닝은 무급수로 달릴 수 있지만, 21km를 달릴 계획이라면 시화나래 휴게소를 중간 기점으로 정하고 급수 및 보급을 해주세요. 방조제 위에는 편의점이 없습니다. 몇몇 불편한 점은 있지만 바다 위를 달린다, 갈매기 친구도 있다, 완벽한 직선 코스다, 이런 점들을 고려하면 한 번쯤은 달려볼 만한 코스입니다.

달리기는 어떻게 달리느냐에 따라 지루한 운동이 될 수도, 즐거운 운동이 될 수도 있습니다.

여기를 달려보세요

시화나래 휴게소 ▶▶▶ 방조제의 왼쪽 끝(대부도 방면) ▶▶▶ 시화나래 휴게소 ▶▶▶
방조제의 오른쪽 끝(오이도 방면) ▶▶▶ 시화나래 휴게소

🏃 21.1 Km

블루투스 스피커를 준비합니다. 파도 소리와 갈매기 소리가 자장가처럼 들리기 시작하면 음악을 들으세요. 보행자나 러너가 거의 없기 때문에(자전거 라이더는 종종 보입니다) 볼륨을 높여도 괜찮습니다.

▶ 지하철 오이도역에서 버스 탑승 후
  시화호 조력발전소 하차

mission 25

육상 트랙을 찾아 달려보세요

육상 트랙 런

달리기를 위해 달리기

트랙 하면 가장 먼저 떠오르는 선입견은
지루함입니다. 그러나 지루함을 잘 극복하면
실력이 느는 것을 확실히 느낄 수 있습니다.
숙제랑 비슷하다고 할까요? 숙제는 하기 싫지만
숙제하고 나면 마음이 가벼워지면서 학습 내용을
잘 이해했다는 안도감이 들죠. 마라톤 대회가
다가오면 트랙이 붐빕니다. 단기간에 확실한
효과를 기대할 수 있는 인터벌 훈련을 많이
하기 때문입니다. 대회 레이스 후반에 페이스가
떨어지는 것을 방지하기 위해 일정한 페이스로 긴
거리를 달리는 지속주 훈련도 많이 합니다. 3km
또는 5km의 거리를 힘껏 달려 본인의 최고 기록을 경신하는 훈련인 타임
트라이얼(Time Trial) 훈련도 많이 합니다. 트랙 훈련은 지루하지만 그 효과는
확실히 보장된다고 할 수 있습니다.

서울대학교

한양대학교

연세대학교

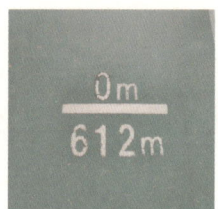
보라매공원

목동종합운동장

트랙은 일반 도로와는 달리 달리기를 목적으로 만들어졌기 때문에 러닝에
방해를 주는 요소들이 배제됩니다. 그래서 일정 페이스를 유지하기 용이합니다.
러닝 훈련을 하기 위한 가장 최적화된 장소라고 할 수 있습니다. 시나 구에서
관리하는 트랙들은 우레탄 상태도 좋은 편입니다. 탄성 우레탄은 무릎과 발목에
부담을 적게 주기 때문에 부상의 염려에서도 어느 정도 자유로울 수 있습니다.

트랙의 모양을 하고 있더라도 우레탄 바닥이 아닌 경우도 있습니다. 트랙에 비가 오면 미끄러지는 신발도 있으니 신발과 트랙의 궁합도 잘 살펴보아야 합니다. 우레탄 바닥은 탄성 재질이기 때문에 너무 반발력이 좋은 신발을 착용하면 힘의 소모가 많습니다. 저는 우레탄 트랙에서는 반발력이 크지 않은 신발이 편하더라고요. 물론 개인에 따라 차이가 있을 수 있으니 트랙에서 자신이 가지고 있는 신발들을 신고 달려본 후에 가장 편한 신발을 신고 달리세요.

서울 시내에서 무료로 이용할 수 있는 가장 시설이 좋은 트랙으로는 연세대학교, 서울대학교, 한양대학교, 서울과학기술대학교 트랙과 반포 종합운동장 트랙 이렇게 다섯 곳을 꼽을 수 있습니다. 또는 1,000원의 이용료를 부담하면 잠실 보조경기장이나 목동운동장의 최상급 트랙을 달릴 수 있습니다. 이곳에 가면 진지하게 달려야만 할 것 같아요.

1988년 서울올림픽 마라톤 경기의 골인 지점은 잠실 주경기장이었습니다. 서울국제마라톤(동아마라톤), JTBC서울마라톤, 손기정마라톤에 참가하면 이 역사적인 장소를 우리도 달려서 들어갈 수 있습니다. 잠실 주경기장 트랙을 한 바퀴 돌고 골인하는 느낌은 직접 달려봐야 알 수 있습니다.

저는 여행 갈 때 러닝화와 운동복을 함께 챙깁니다. 숙소 근처에 트랙이 있는지 확인한 후에 아침 일찍 일어나 트랙에서 달린 후 아침 식사를 합니다. 강화에 갈 때는 강화 공설운동장을 달리기도 하고, 강원도 정선에 갈 때는 고한 생활체육공원에서 트랙 런을

잠실주경기장(2020 서울마라톤 언택트 레이스)

했습니다. 러닝메이트는 고향인 충주에 가면 충주 종합운동장 트랙을 달리고, 제주에 가면 애향운동장에서 지인들과 만나 달린다고 합니다.

최근에는 선수 출신이나 전문가들이 코칭하는 러닝 교실이 많이 운영되고 있습니다. 유료로 운영되며 체계적이고 전문적으로 러닝 스킬을 가르쳐 줍니다. 훈련 장소는 대개 트랙인 경우가 많습니다. 부상 없이 체계적인 훈련을 통해 기록을 단축하고 싶은 분은 러닝 교실에서 훈련하는 것을 추천합니다. 그냥 운동화 신고 달리면 되지 무슨 레슨이냐라고 말하는 분도 있지만 그렇지 않습니다. 트랙에서는 코치님들이 러너들을 계속 주시하면서 반복적으로 자세를 교정해 줍니다. 올바른 러닝 자세는 동작의 낭비를 없애주고 러닝 효율을 높여줍니다. 이제 막 달리기를 시작하는 분들은 러닝 교실에서 올바른 러닝 자세를 초기에 확립해 놓으면 부상 없이 올바른 자세로 오랫동안 러닝을 할 수 있습니다.

한양대학교

달리기도 다른 운동처럼 올바른 자세가 중요해!

여기를 달려보세요

장거리 달리기에서 목표로 하는 기록이 있다면 체계적으로, 주기적으로 적당한 훈련을 해야 합니다. 육상 트랙은 인터벌 훈련, 지속주, 가속주, 타임 트라이얼 등의 훈련을 하기에 최적의 장소입니다. 마음 맞는 동료와 함께 트랙 런을 해보세요.
제가 달렸던 서울과 경기, 인천, 강원도 지역의 트랙을 소개하겠습니다.

1. 서울

① 연세대학교 트랙　🏃 400m

달려본 트랙 중 손에 꼽을 정도로 좋은 트랙 상태를 자랑합니다. 핫플레이스가 많은 연남동, 연희동과 가까워 러닝 후에 식도락을 즐기기에 좋습니다.

▼ 지하철 2호선 신촌역 도보 15분

② 한양대학교 트랙　🏃 400m

지하철역에서 가까워 접근성이 좋고 트랙의 상태도 아주 좋습니다. 청계천과 중랑천으로 연계하여 달릴 수 있습니다.

▼ 지하철 2호선 한양대역

③ 서울대학교 트랙　🏃 400m

서울대학교 트랙은 관악산 아래에 위치해 있어 서울에 있는 트랙 중에서 공기가 가장 깨끗합니다.

▼ 지하철 신림선 관악산(서울대)역

여기를 달려보세요

④ 서울과학기술대학교 트랙 🏃 400m

말이 필요 없습니다. 러닝 후에는 〈공릉동 닭한마리〉로 직행합니다.

▶ 지하철 7호선 공릉역 도보 12분

⑤ 교육대학교 트랙 🏃 400m

강남권 러너들이 많이 찾는 트랙입니다. 트랙 가까이 편의점이 있는 것도 장점입니다.

운동장 개방 시간
평일 06:30~08:00, 20:00~22:00
휴일 06:30~22:00

▶ 지하철 2, 3호선 교대역 도보 5분

⑥ 이화여자대학교 트랙 🏃 250m

정문으로 들어가면 왼편에 있습니다. 건축에 관심 있는 분들은 프랑스의 건축가 도미니크 페로(Dominique Perrault)가 설계한 ECC(Ewha Campus Complex)를 둘러 보세요. ECC에서는 식사와 커피도 즐길 수 있습니다.

▶ 지하철 2호선 이대역 도보 6분

⑦ 잠실 보조경기장(일명 잠보 트랙) 🏃 400m

많은 러닝 클래스가 훈련 장소로 이용하고 있는 트랙입니다.

▶ 지하철 2호선, 9호선 종합운동장역
이용료: 평일 1,000원, 토·일요일 1,300원

여기를 달려보세요

⑧ 목동 종합운동장 주경기장　🏃 400m

이용자가 많지 않아 집중해서 달리기 좋습니다.
서울시에서 직접 관리해서 지역 육상선수들도
이곳에서 훈련할 만큼 트랙의 상태가 좋습니다.

▶ 지하철 5호선 오목교역 도보 15분
2시간 연습권 - 평일 1,000원 주말 1,300원(현금만 가능)

⑨ 효창운동장　🏃 400m

1960년에 개장한 우리나라 최초의 국제 규격
축구장(서울 미래 유산)입니다. 400m 육상 트랙이
축구장을 감싸고 있습니다.

이용 시간 06:00~09:00
효창운동장 맞은편에는 백범 김구 선생의 묘소가 있는
효창공원이 있습니다.

▶ 지하철 6호선 효창공원앞역 500m(도보 8분)

⑩ 반포종합운동장 트랙　🏃 400m

다양한 러닝 클래스, 러닝 크루, 개인 훈련
러너들로 붐비는 트랙입니다. 반포천과
한강으로 연계하여 달릴 수 있습니다. 트랙에서
한강까지의 거리는 약 2Km입니다. 운동장 근처의
'허밍웨이길'은 벚꽃 시즌에 '벚꽃 런'을 하기에
좋습니다.

▶ 지하철 9호선 신반포역 4번 출구 도보 6분

여기를 달려보세요

⑪ 국회의사당 국회둔치운동장 🏃 400m

육상 트랙은 없을 것 같지만 국회의사당 국회둔치운동장에는 400m 트랙이 있습니다.

▶ 지하철 9호선 국회의사당역 1km(도보 15분)
　자가용 이용 시 국회둔치주차장 또는 여의도
　공영주차장에 주차 후 국회5문으로 출입

⑫ 보라매공원 🏃 612m

편안한 음악이 흐르는 자연친화적인 트랙입니다. 트랙 바로 옆에 편의점이 있어 급수 및 보급이 편리합니다. 이용자가 많은 편입니다. 달릴 때는 트랙 안쪽을 이용하세요.

▶ 지하철 신림선 보라매공원역 350m(도보 5분).
　지하철 2호선 신대방역 900m(도보 13분)

⑬ 용왕산 근린공원 🏃 330m

트랙이 산의 정상부에 있어서 트랙까지 가려면 약간의 등산이 필요하지만, 용왕정에 오르면 한강을 비롯한 서울의 멋진 전경이 보상으로 주어집니다.

▶ 지하철 9호선 신목동역 1번 출구 도보 15분

여기를 달려보세요

(14) **안양천 영롱이 트랙** 🏃 **340m**

영등포구, 구로구 마라톤 클럽과 러닝 크루들의 훈련 장소로 사랑받는 트랙입니다.

▶ 지하철 2호선 도림천역 2번 출구 도보 7분

(15) **대현산 배수지공원** 🏃 **200m**

내부 트랙은 200m로 작은 편이지만 1.1km 길이의 외부 산책로는 우레탄이 깔려 있고 일부 구간은 고저가 있어 업힐 훈련에 적합합니다.

▶ 지하철 5호선 신금호역 3번 출구 도보 5분

(16) **대치유수지 체육공원** 🏃 **400m**

야간 조명이 밝아요. 강남 지역에서 늦은 퇴근 후 달리고 싶은 분들에게 이 트랙을 추천합니다. 다음 날 출근한다면 포인트 훈련(한 가지 훈련을 택해 집중하는 방법)이나 평소 러닝의 부족했던 부분을 보강하는 보강 훈련이 좋을 것 같습니다.

▶ 지하철 2호선 삼성역 2번 출구 도보 16분

(17) **망원유수지 체육공원** 🏃 **400m**

마포구민체육센터 앞에 위치. 우레탄 트랙은 아닙니다. 러닝 후에는 망리단길이나 망원시장에서 식도락을 즐겨보세요.

▶ 지하철 6호선 마포구청역 5번 출구 도보 12분

여기를 달려보세요

⑱ 양평유수지 생태체육공원 🏃 250m

이용자가 많지 않고 깨끗해서 '생각 정리' 달리기를 하실 분들에게 추천합니다.

▶ 지하철 5호선 양평역 1번 출구 도보 6분.
　안양천 목동교 인접

2. 경기도 & 인천광역시

① 부천 종합운동장 🏃 800m

지하철역과 가까워 접근성이 좋습니다. 운동장 외곽 2층에 5레인 800m 트랙이 설치되어 있습니다. 1층에 화장실이 가까이 있어 러닝 후 씻기에 편리합니다.

▶ 지하철 7호선 부천종합운동장역 1번 출구 도보 4분

② 광명 시민체육관 🏃 400m

주차 공간이 넓고 주차비도 저렴합니다. 트랙 상태가 좋습니다. 안쪽 두 개 레인이 달리기용, 바깥쪽 세 개 레인이 걷기용입니다. 구름산이 주변에 있어 공기가 맑습니다.

▶ 지하철 7호선 철산역에서 1.5km 도보 24분

여기를 달려보세요

③ 강화 공설운동장　🏃 400m

강화산성 서문이 근처에 있고, 운동장 바로 옆으로 산성의 성곽이 있어 분위기가 좋습니다.

▶ 인천광역시 강화군 강화읍 고비고개로19번길 12. 무료 주차

④ 성균관대학교 수원캠퍼스　🏃 400m

24시간 개방되어 있습니다. 단, 신입생 수시 전형 기간 2~3주 정도는 이용이 제한됩니다.

▶ 지하철 1호선 성균관대역 2번 출구 도보 10분

3. 강원도

① 고한 생활체육공원　🏃 400m

강원도의 맑고 차가운 공기를 마시면서 달릴 수 있습니다.

▶ 강원도 정선군 고한읍 고토일길 38

mission 26

국내 3대 메이저 마라톤 대회에 참가해 보세요

국내 마라톤 대회

인생은 마라톤과 같다고 합니다. 그렇다면 마라톤을 하면 인생을 알 수 있을까요? 살아있는 동안 '42.195km 완주'를 시도한다는 것은 엄청난 도전입니다. 마음먹는다고 바로 완수할 수 있는 일이 아니죠. 끈기와 시간과 열정이 필요합니다. 누군가는 "그 힘든 일을 왜 하나요?"라고 묻습니다. 그런데 주변을 살펴보면 마라톤 선수가 아님에도 이 일을 해내는 사람들이 있습니다.

신입사원 때 모든 직원이 꼭 참석해야 하는 주말 등산 모임이 공지되면 괴로웠습니다. "다시 내려올 것을 왜 올라가지?"라고 불평했습니다. 그때는 과정의 중요함을 알지 못했고, 눈에 보이는 결과물을 얻지 못하는 일들은 무의미하게 느껴졌습니다.

나이가 들어감에 따라 어떤 일을 성취하지 못했더라도 '도전했다', '시도했다'는 사실 자체에 점점 뿌듯함을 느끼게 되었습니다. 조금씩 성장해 가는 내가 보였습니다. 어제는 조금 부족했더라도 오늘은 조금 나아지고 내일은 조금 더 나아질 거라는 긍정적인 마음가짐도 생겼습니다. 그러던 어느 날 '풀코스 완주'라는 민들레 홀씨가 갑자기 마음속에 들어왔습니다.

한번 해보고 싶었습니다. 물론 쉽지 않은 과정일 테지만요. 실행 가능한 구체적인 계획을 세워보기로 했습니다. 우선 '42.195km 풀코스 완주'라는 엄청나게 커 보이는 목표를 작은 크기의 목표로 잘게 쪼개어 보았습니다.

① 1년 안에 풀코스를 달린다
② 6개월 안에 하프 코스를 달린다
③ 3개월 안에 10km를 달린다
④ 2개월 안에 5km를 달린다
⑤ 1개월 안에 1km를 달린다
⑥ 빠르게 걷는다
⑦ 매일 만 보를 걷는다

저는 장거리 달리기를 해본 적이 없었기 때문에 저에게 도움을 줄 수 있는 사람들을 찾았습니다. 인원은 많지 않지만 〈아빠 달려〉라는 달리기를 막 시작한 젊은 아빠들의 모임을 찾았습니다. 경험자의 조언을 듣고 성실하게 따라 했습니다. 부상의 위험에 주의하면서 속도에는 신경 쓰지 않고 오랜 시간 긴 거리를 달리는 데 적합한 몸 만들기에 집중했습니다. 훈련의 효과가 좋았는지 약 5개월 만에 양천마라톤 대회 하프 코스를 완주했습니다. 이후 몇 개의 하프 코스 대회에 참가했습니다. 그리고 8개월째에는 30km LSD 훈련(Long Slow Distance; 장거리를 천천히 달리는 훈련법, 심폐 능력과 지구력 향상의 효과가 있다. 풀코스 준비 훈련 중 하나)을 완료했습니다. 풀코스를 달리기 위해서는 월 러닝 거리가 200km 정도는 되어야 한다는 러닝 선배님들의 조언을 듣고 주중 2회, 주말 1회씩 목표 거리를 정해서 꾸준히 달렸습니다.

2013년 10월 27일에 열리는 춘천마라톤을 도전 목표로 정했습니다. 춘천 의암호 주변을 달리는 춘천마라톤 코스는 언덕 구간이 많아서 기록이 잘 나오지 않는 대회로 알려져 있습니다. 그래서 여름에는 언덕 오르기 훈련을 위해 많이 찾는 훈련 코스인 남산 북측순환로에서 오르막 달리기 연습을 했습니다. 그리고 사전 풀코스 예행 연습으로 춘천마라톤보다 한 달 이른 2013년 9월 29일 서울에서 열리는 대회에서 풀코스 도전을 먼저 해보기로 했습니다. 고맙게도 러닝 모임에서 저에게 많은 조언을 해주었던 한 러닝메이트가 저의 첫 풀마라톤 도전의 페이스메이커를 자처해 주셨습니다. 이분은 저에게 첫 풀코스 도전은 인생에 단 한 번밖에 없다고 말씀하시면서 대회 한 달 전부터 금주를 하였고, 연습 때마다 저의 페이스에 맞추어 함께 달려주었습니다. 또한 대회 당일 숙지해야 할 여러

2013 춘천마라톤

가지 유용한 팁들을 이야기해 주었습니다. 제 첫 풀코스 도전에 주변의 많은 러너분께서 많은 시간과 노력을 들여 너무나 소중한 도움을 주셨습니다.

2015 중앙서울마라톤   2016 춘천마라톤   2017 동아마라톤   2019 동아마라톤

그러나 풀코스 마라톤은 결코 만만하지 않았습니다. 30km 구간을 지나자 이제까지 경험해 보지 못한 통증을 경험했습니다. 허벅지와 종아리에 쥐가 났고, 허리는 끊어질 듯이 아팠습니다. 당시 대회를 복기해 보면 코어 근육이 4시간 이상의 러닝을 견뎌낼 만큼 강하지 못해 허리가 아픈 것이었고, 허벅지와 종아리도 더 많은 보강 훈련을 통해 강화했어야 했습니다.
하지만 처음부터 끝까지 함께 달려준 페이스메이커의 독려와 노련한 리드 덕분에 4시간 19분 41초의 기록으로 완주할 수 있었습니다. 정말 값진 경험이었어요. 춘천마라톤까지 남아있는 한 달여 시간 동안 부족한 부분을 보완한다면 춘천마라톤에서도 완주할 수 있을 거라는 자신감이 생겼습니다.
10월 27일은 왔고, 날씨는 좋았습니다. 가을의 단풍은 아름다웠고, 업힐 구간은 힘들었습니다. 회사에서는 두 명이 춘천까지 응원을 와주었고, 허벅지에 쥐가 나긴 했지만 4시간 10분 23초의 기록으로 꿈에 그리던 한국 3대 메이저 마라톤 대회 중 하나인 춘천마라톤 완주를 해냈습니다.
두 번의 대회를 경험하면서 쌓인 경기 운영의 노하우가 소중한 자산이 되어 2014년 3월 16일 동아마라톤과 2014년 11월 9일 중앙서울마라톤(현재의 JTBC서울마라톤)을 완주하여 한국 3대 메이저 마라톤 대회를 모두 완주하게 되었습니다. 마라톤 완주는 선수들만 하는 것인 줄 알았는데 제가 그 일을 해냈다는 사실은 큰 자신감을 선물해 주었습니다. 달리기뿐만 아니라 인생에서 일어나는 여러 가지 어려운 일들도 계획을 세우고 작은 세부 계획으로 쪼개어 실행하면 대부분의 일들은 해낼 수 있습니다. 예측이 불가능한 돌발적인 일들도 어떤 마음으로 받아들이는가에 따라 큰 일이 될 수도, 작은 일이 될 수도 있습니다.

완주하고, 해냈다는 성취감이 고조에 달한 후에는 약간의 허무감이 밀려옵니다. 완주했어도 바뀐 것이 별로 없기 때문이죠. 대회 다음 날은 어김없이 출근해야 하고 다시 일상을 시작해야 합니다. 그러나 바뀐 것이 없는 게 아닙니다. 마라톤 풀코스를 완주할 수 있는 건강한 몸과 마음을 이미 가지고 있기 때문입니다. 그리고 목표가 달성되면 다음 목표를 찾게 됩니다. 하지만 목표 달성 자체에만 몰두하지 마시고 준비 과정을 즐기고 함께 달리는 동료들과 소중한 순간을 함께 하세요.

2022 JTBC서울마라톤

마라톤을 완주하기 위해 가장 필요했던 덕목은 꾸준함과 성실함이었어요. 여기에 주변 분들의 도움도 큰 힘이 되어주었습니다. 남들이 도움을 주고 싶어 하는 사람이 되려면 따뜻한 인성도 갖추면 좋을 것 같습니다. 마라톤을 직접 달려보니 마라톤은 인생과 참 비슷한 부분이 많다는 결론을 얻게 되었습니다. 그리고 '인생은 마라톤과 같다'는 명제는 '참'이라는 결론을 얻었습니다.

완주 메달들

여기를 달려보세요

한국 3대 메이저 마라톤 대회

① 동아마라톤(서울국제마라톤)

세계적인 수준의 플래티넘 라벨 대회이자 세계육상연맹이 선정한 세계 육상문화유산이며 한국에서 열리는 가장 큰 마라톤 대회입니다. 코스의 고저가 적고 날씨(3월 중순)의 도움도 많이 받아 기록도 잘 나오는 편입니다. 그래서 이 대회에 참가하려는 많은 마라토너가 겨우내 열심히 연습합니다. 잠실 주경기장으로 골인하는 것도 이 대회의 매력 중 하나입니다. 이봉주 선수는 2007년 대회에서 2시간 8분 4초의 기록으로 우승했습니다.

2023

② 춘천마라톤

10월 하순에 개최되며 춘천 공지천 사거리에서 출발합니다. 의암호 주변의 아름다운 가을 단풍을 만끽할 수 있습니다. 코스 중간에 나오는 몇 개의 터널에서 함성 지르기도 재밌습니다. 그러나 업힐 경사가 길고 센 편이라서 기록은 잘 나오지 않습니다. 권은주 선수는 1997년 대회에서 2시간 26분 12초의 기록으로 우승했는데, 2018년 동아마라톤에서 김도연 선수가 2시간 25분 41초로 우승할 때까지 21년 동안 한국 여자 마라톤의 난공불락의 기록이었습니다. 춘천에서 개최되므로 서울 거주자의 경우 대회 후 상경 시 차량 정체가 조금 불편합니다. ITX 청춘 기차표를 빠르게 예매하는 것도 좋습니다. 개최 측에서 운영하는 왕복 셔틀버스 이용을 추천합니다.

2022

③ JTBC서울마라톤(구 대회명 중앙서울마라톤)

2022년 대회부터 상암 월드컵공원 출발, 잠실 올림픽 주경기장 골인으로 코스가 변경되었습니다(이전에는 잠실 학생체육관 앞에서 출발해서 경기도 성남시에서 반환하여 잠실 주경기장으로 골인했습니다). 11월 초에 개최됩니다. 서울을 서쪽에서 동쪽으로 가로지르는 코스입니다.

2022

> mission 27

세계 6대 마라톤 대회에 참가해 보세요

세계 6대 마라톤 완주자에게 주어지는 식스 스타 메달

세계 마라톤 대회

아마추어 마라토너가 가장 이루고 싶어 하는 일은 과연 무엇일까요? 아마도 세계 6대 마라톤을 완주하는 일일 겁니다. 출발점부터 결승선까지 주로(走路) 양쪽을 가득 메운 시민들의 열렬한 응원의 함성, 하이파이브를 해주는 남녀노소 시민들, 오렌지를 건네는 어린이의 작은 손, 위대한 도전을 시도하는 러너들을 격려해 주는 진지한 눈빛들, 완주의 순간 느끼는 '내가 해냈다'는 희열, 샤워 후 마시는 시원한 맥주, 이후 빠지는 달콤한 잠.

세계 6대 마라톤은 보스턴, 뉴욕, 런던, 베를린, 시카고, 도쿄 등 6개 도시에서 개최되는 마라톤 대회를 일컫습니다. 대회 참가 자격은 사전 신청을 받아 무작위 추첨하여 부여합니다. 경쟁률은 대부분 10대 1이 넘습니다.

2015 보스턴마라톤

1. 보스턴마라톤

근대올림픽이 열린 다음 해인 1897년에 창설된 세계에서 가장 오래된 마라톤 대회입니다. 6개 마라톤 중 유일하게 직선 코스를 달립니다. 1947년에 서윤복, 1950년에 함기용, 2001년에 이봉주 선수가 우승했습니다. 보스턴마라톤을 이야기할 때 존 켈리 선수를 빼놓을 수 없습니다. 보스턴마라톤에 61번 출전해서 58번 완주, 두 번의 우승, 일곱 번의 2위, 열여덟 번의 Top 10을 일궈낸 보스턴마라톤의 전설입니다.

나이와 성별에 따른 기준 이상의 공인 기록을 제출해야 지원 자격이 주어집니다. 예를 들면 40~44세의 경우 남자는 3시간 10분, 여자는 3시간 40분 이내의 공인 기록이 있어야 참가

2014 도쿄마라톤   2018 뉴욕 마라톤   2019 베를린 마라톤

신청을 할 수 있습니다.

- 참가인원 35,000명.
- 출발: 홉킨턴(Hopkinton), 도착: 보일스턴(Boylston ST)

2. 뉴욕마라톤

세계 경제와 문화의 중심지 뉴욕을 달리는 세계 최대 규모의 마라톤 대회입니다. 출발 직전에 뉴욕을 대표하는 노래인 프랭크 시나트라의 〈뉴욕, 뉴욕(New York, New York)〉이 흘러 나옵니다. 노래 가사 중에 '뉴욕의 심장부를 가로지를 겁니다(Right through the very heart of it, New York New York)'라는 가사가 있습니다.

- 참가인원 50,000명.
- 출발: 스태튼 섬(Staten Island), 도착: 맨해튼 센트럴파크(Mahattan Central Park)

2022 시카고 마라톤

2023 런던 마라톤

3. 런던마라톤

템스강 주변을 따라 달리며 타워브리지와 빅 벤을 거쳐 버킹엄 궁전으로 골인합니다. '안개와 비의 도시'라는 별명답게 대회 당일 비가 왔습니다. 제가 달렸던 6대 마라톤 대회 중 3개 대회에서 비가 왔습니다. 이 정도면 저는 날씨 요정은 커녕 '비 몰이꾼'이 틀림없는 것 같습니다. 축구의 나라에서 열리는 대회라서 그런지 응원의 열기는 6대 마라톤 대회 중 으뜸입니다.

- 참가인원 39,000명.
- 출발: 블랙히스(Blackheath), 도착: 버킹엄 궁전(Buckingham Palace)

4. 베를린마라톤

코스가 평탄하고 고저 편차가 크지 않아 세계 신기록이 자주 경신되는 곳입니다. 티어가르텐숲이 뿜어내는 상쾌한 공기를 마시면서 달리고, 브란덴부르크 문을 통과하며 골인합니다. 킵초게(케냐) 선수는 2022년 2시간 1분 9초로 세계 신기록을 달성했습니다. 1936년 베를린 올림픽에서 손기정 선수가 우승한 곳이기도 합니다. 완주자에게 현장에서 맥주를 줍니다.

- 참가인원: 35,000명
- 출발: 베를린 전승기념탑(Berliner Siegessäule)
  도착: 브란덴부르크 문(Brandenburg Gate)

5. 시카고마라톤

아름다운 미시간 호수를 가까이 두고 '바람의 도시' 시카고의 마천루 사이를 달립니다. 시카고가 고층 빌딩의 도시가 된 것은 아이러니하게도 1871년의 '시카고 대화재'로 엄청나게 많은 목조 건물들이 불타버렸기 때문입니다. 그 후 곧바로 도시의 재건이 시작되었고 이때부터 시카고 다운타운의 유명한 건축물들이 세워지기 시작합니다. 베를린과 마찬가지로 코스가 평평하고 공기가 맑습니다. 완주자에게는 현장에서 진짜 맥주를 줍니다.

- 참가인원: 40,000명
- 출발과 도착: 그랜트 파크(Grant Park)

6. 도쿄마라톤

시차 없이 참가할 수 있는 유일한 대회입니다. 대회 운영이 거의 완벽에 가깝습니다. 화장실이 1Km마다 설치되어 있어 러너들이 마음 편히 달릴 수 있습니다. 자원봉사자 수도 무척 많아서 주로에 물컵이나 파워젤 봉지 같은 쓰레기가 거의 없습니다.

- 참가인원 38,000명
- 출발: 도쿄 도청, 도착: 도쿄역

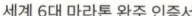

세계 6대 마라톤 완주 인증서

외국 마라톤 참가는 시간과 비용이 많이 드는 만큼 철저한 준비가 필요합니다.

① 경비

외국 마라톤의 참가비는 국내 대회에 비해 많이 비쌉니다. 항공료와 숙박비, 추가 경비 등 전체 비용이 많이 소요되므로 경비 계획을 꼼꼼히 세우는 것이 좋습니다.

② 시간

가까운 일본 도쿄를 제외하면 미국과 유럽은 열 시간이 훨씬 넘는 비행 시간, 개최 도시의 엑스포장을 방문하여 배번을 수령하는 시간, 시차 적응 시간이 추가로 필요합니다. 대략 일주일 정도의 기간으로 일정을 짜시기 바랍니다.

③ 훈련

먼 곳까지 갔는데 완주하지 못한다면 정말 난감할 것입니다. 최소한 대회 1년 전부터는 꾸준히 훈련해야 합니다.

④ 감기

출발 날짜가 다가오면 감기에 걸리지 않게 조심해야 합니다. 국내에서의 좋은 몸 상태가 현지에서도 유지될 수 있도록 각별히 신경 써주세요.

그런데 계획대로 잘 되지 않는 것이 하나 있습니다. 바로 참가권(Entry)입니다. 참가권은 추첨에서 당첨이 된 후에 참가비를 지불해야만 주어집니다. 그런데 10대 1이 넘는 당첨 확률을 감안하면 내가 언제 어느 대회에 참가할 수 있을지 보장할 수가 없습니다. 이런 경우에는 대회 엔트리를 확보한 국내의 마라톤 전문 여행사를 이용하는 방법이 있습니다. 물론 추가 비용이 들기는 하지만, 6대 마라톤 완주 계획이 있다면 여행사 이용을 고려해 보세요.

칼럼 ⑨ 러닝 트레이닝

1. 인터벌 트레이닝(구간훈련)

인터벌 트레이닝(Interval training)은 빠르게 달리기와 천천히 달리기(혹은 걷기)의 반복 훈련입니다. 우리의 몸을 더 높은 강도의 운동 상황을 견뎌내고 효율적으로 움직일 수 있도록 개선하는 훈련법입니다. '100m를 빠르게 달린 후 50m를 천천히 달리기'를 반복하는데요, 내 몸 상태에 맞는 강도와 횟수를 정해야 합니다. 무리한 운동은 부상으로 이어지니 주의하세요.

1) 인터벌 훈련의 원칙

본인이 낼 수 있는 최대 속도의 80~90%로 달린 후에 달린 시간만큼의 휴식 갖기를 반복합니다. 인터벌 트레이닝 전에 충분한 스트레칭과 준비 운동은 필수입니다.

2) 훈련 방법

인터벌 훈련의 핵심은 나의 능력에 맞는 훈련 방법을 세팅하는 것입니다. 남들이 하는 방법을 따라 할 필요가 없습니다. 만약 km당 5분 페이스로 인터벌 훈련을 했더니 힘들었다면 km당 5분 30초 페이스로 훈련한 후에 점진적으로 속도를 올리는 방법으로 연습해 보세요. '몇 m를 전력 질주하고 몇 m를 걷고 얼마 동안 쉴지'를 테스트해 보세요. 러닝 선배들이 저에게 알려준 방법은 100m를 전력 질주한 후에 50m 걷기를 반복하는 것이었어요. 일주일에 1회씩, 한 달 정도 훈련하니 숨 쉬는 게 아주 편안해졌어요. 편안한 느낌이 갑자기 확 다가왔습니다. 신기했습니다. 내가 모르는 사이에 러닝 능력이 차츰 향상되었다는 것을 알 수 있었습니다. 힘들게 10km를 달렸다면 인터벌 훈련 후에는 같은 거리를 힘들지 않게 달릴 수 있게 됩니다. 러닝 크루에서 인터벌 트레이닝 훈련을 하는 날도 있으니 집 근처에서 활동하는 러닝 크루에 참여해서 훈련 방법을 익히길 바랍니다.

3) 유산소 운동과 무산소 운동

무산소 운동은 짧은 시간에 산소가 없는 상태에서 탄수화물을 에너지원으로 사용하여 근육에 많은 에너지를 공급하는 운동입니다. 웨이트 트레이닝(Weight training)을 예로 들 수 있습니다. 유산소 운동은 산소를 공급하면서 탄수화물과 지방을 에너지원으로 사용하여 근육에 에너지를 공급하는 운동입니다. 체지방 감소에 도움을 주어 다이어트 효과가 있습니다. 달리기를 예로 들 수 있습니다. 100m 전력 질주는 무산소 운동입니다. 50m 걷기와 장거리 달리기는 유산소 운동입니다. 인터벌 트레이닝은 무산소 운동과 유산소 운동이 혼합된 훈련 방법이라고 할 수 있습니다.

4) 인터벌 훈련 장소

짧은 시간에 기량을 많이 올릴 수 있는 인터벌 트레이닝을 하기에 가장 적합한 장소는 육상 트랙입니다. 서울에서 자유롭게 이용할 수 있는 트랙을 몇 군데 소개할게요. 먼저 연세대학교, 서울대학교, 한양대학교, 서울과학기술대학교 트랙은 쿠션도 좋고 관리도 잘 되는 트랙입니다. 서초구에서 운영하는 반포종합운동장 트랙도 좋습니다. 다만 인라인스케이트와 자전거 구역에서는 달리지 않도록 주의해야 합니다(간혹 미취학 아동의 자전거가 러닝 구역으로 들어오는 경우가 있습니다). 효창운동장 트랙은 오전 6시부터 오전 9시까지 무료로 이용할 수 있습니다. 유료 트랙으로는 잠실 종합운동장 보조경기장, 목동운동장 트랙이 있습니다. 두 시간 이용료가 천 원입니다. 유료이지만 트랙 상태는 아주 좋습니다. 한번 달려보세요. 트랙의 적당하게 푹신한 느낌이 너무 좋습니다. 트랙 런은 혼자 하면 심심합니다. 러닝메이트와 함께 혹은 팀을 구성해서 가면 좋을 것 같습니다. 트랙 사용 시 유념할 점은 팀을 이루어서 가더라도 트랙을 독차지하듯이 달리지 않아야 합니다. 먼저 와서 달리고 있는 러너의 레인(Lane)을 침범하지 말고 다른 레인을 이용해서 달려주세요. 또 사진을 찍기 위해 혹은 다른 이유로 갑자기 멈추면 위험합니다. 내 뒤쪽에서 달려오는 러너와 추돌의 위험이 있습니다.

2. LSD(Long Slow Distance) 훈련

LSD란 오랫동안(Long) 천천히(Slow) 달리기입니다. 장거리 달리기의 성패 여부는 '지구력'에 달려 있습니다. 우리는 보통 "오늘은 10km를 달릴 거야" 하고 '거리'를 목표로 세우고 달립니다. 거리주라고 합니다. 그렇지만 "오늘은 한 시간을 달릴 거야"라는 목표를 세우면 거리에 연연하지 않고 일정한 '시간' 동안 달리게 됩니다. 시간주라고 합니다. 선수가 아닌 일반인이 풀코스를 완주하는 데는 보통 네 시간 전후의 시간이 걸립니다. 즉, 네 시간 정도를 버틸 수 있는 지구력이 필요합니다. LSD는 지구력을 키우는 가장 좋은 훈련 방법입니다.

(예1) 21km 거리(하프)를 km당 6~7분의 속도로 세 시간 동안 달리기
(예2) 10km 거리를 한 시간 이십 분 동안 달리기

3. 업힐(Uphill: 오르막)과 다운힐(Downhill: 내리막) 훈련법

풀 마라톤 코스들은 평지 100%가 아닙니다. 그래서 고저(Elevation)가 적은 베를린마라톤 코스에서 세계 신기록이 자주 경신되고는 합니다. 풀코스 대회 전에는 반드시 코스의 업힐(오르막)과 다운힐(내리막)의 고저도를 확인하고 이에 따른 공략법을 미리 세워 놓는 것이 좋습니다. 한국의 3대 메이저 마라톤 대회 코스도 고저도가 있습니다. 춘천마라톤(大), JTBC서울마라톤(中), 동아마라톤(小) 코스 순으로 고저도가 작습니다. 특히 춘천마라톤은 고저가 심한 편이어서(출발하자마자 오르막입니다!) 첫 풀 마라톤을 춘천으로 택한 러너들은 오르막 공략이 완주 성공의 관건이 됩니다. 하지만 봄, 여름에 오르막 달리기 훈련을 열심히 한다면 춘천마라톤 코스도 두려워할 필요가 없습니다. 오르막에서는 평지보다 10% 느리게, 내리막에서는 평지보다 10%만 빠르게 달립니다. 오르막은 약간 힘드니까 '조금 느려도 괜찮다'라고, 내리막은 빨리 달려 내려갈 수 있지만 '조금 더 천천히 내려가자'라고 스스로 다짐하면서 달립니다.

1) 업힐(Uphill: 오르막) 달리기

업힐 시에는 체력 소모가 크고 속도도 줄어듭니다. 지금 풀코스를 달리고 있다고 가정해 봅시다. 장거리 달리기의 완주를 위해서는 경제적인 운용 능력이 필요합니다. 내가 가진 체력은 무한대가 아니기 때문에 초반, 중반, 후반 러닝 단계별로 체력을 잘 나누어 써야 합니다. 업힐이 코스의 초·중반에 있는데 그곳에서 힘을 너무 써버리면 나머지 단계에서 힘들어질 수밖에 없습니다. 그래서. 다양한 크기의 업/다운이 10회 정도 반복되는 남산 북측순환로가 업힐 훈련 장소로는 최적입니다. 이곳을 직접 달려보면 바로 이해가 될 겁니다. 또 일반적으로 '오르막을 달리는 주법'이라고 교과서처럼 알려진 방법은 '보폭을 줄이고 팔치기로 추진력을 얻어서 달려라'는 것입니다. 어떤 선배님들은 연습이나 대회 중에 "고개를 처박고 팔을 앞뒤로 힘차게 흔든다. 팔꿈치를 내 몸 뒤로 멀리 보내는 느낌으로! 실시!"라고 육군 훈련소 교관처럼 장난 섞어 소리치곤 합니다. 팔치기의 효과는 참 신기합니다. 팔을 앞뒤로 많이 흔들수록 몸이 앞으로 나아가는 느낌이 납니다.

2) 다운힐(Downhill; 내리막) 달리기

다운힐 시는 가속이 쉽다 보니 넘어질 가능성이 커집니다. 평지를 달릴 때보다 햄스트링에 부담을 줄 수 있습니다. 내리막에서 빠르게 달리면 제동하는 에너지도 많이 들기 때문에 전체적인 러닝 운용 계획 측면에서 내리막 가속은 바람직하지 않습니다. 내리막에서는 보폭이 넓어지게 됩니다. 그래서 스트라이드 주법(Stride Run; 보폭을 넓게 유지하면서 성큼성큼 달리는 방법)이 사용되기도 합니다. 스트라이드 주법은 다리를 앞으로 뻗는 거리가 길수록 속도는 빨라지지만 체력 소모가 큽니다. 과도한 스트라이드는 발이 몸보다 너무 앞으로 나가게 되어 착지 시 무릎 부상의 가능성이 커집니다 그래서 내리막에서도 평지를 달리는 보폭을 유지하는 것이 좋습니다. 평지에서와 같은 보폭을 유지하더라도 속도는 빠를 수 있기 때문에 '너무 빠르다'고 느껴진다면 보폭을 줄여주세요. 다운힐 때 무릎을 다치는 러너가 생각보다 많습니다. 심하면 발목 염좌가 오는 경우도 있으니 주의해야 합니다. 발을 뻗는 데만 신경 쓰다 보면 디디는 곳에 대한 인지를 조금 덜하게 됩니다. 집중을 잘 못하는 거죠. 너무 아픈 사랑은 사랑이 아니듯, 너무 아픈 러닝은 러닝이 아니라고 거듭 말씀드립니다. 즐겁게 오랫동안 달리려면 다치지 않아야 합니다. 달리고 싶지만 부상으로 달리지 못해 괴로워하는 러너들이 생각보다 많습니다. 선수가 아닌 일반인 중에도 체격과 체력이 좋은 데다 연습량까지 많은 분이 있습니다. 이런 분들은 스트라이드 주법을 소화해 낼 수 있겠지만 보통 체격과 보통 체력에 연습량도 보통이라면 다칠 가능성이 커요. 점진적으로 본인의 역량을 키운 다음에 고급 주법들을 시도해 봐도 늦지 않습니다.

4. 가속주(Build up)

풀코스 완주 횟수가 늘어가면서 가장 해보고 싶었던 것은 '서브4'(풀코스를 4시간 안에 완주하는 것)이었습니다. 그러나 서브4는 훈련 계획을 세워 훈련하지 않으면 달성이 어렵습니다. 개인적으로 가장 도움이 되었던 훈련은 인터벌 훈련과 가속주 훈련이었습니다. 두 가지 훈련 모두 풀코스 완주에 적합한 몸을 만들어 줍니다. 그리고 속도감을 익히게 도와줍니다. 가속주는 페이스를 점진적으로 올리면서 달리는 훈련 방법입니다. 러닝 크루에서 상급자들을 이끄는 페이서(Pacer)들이 가속주 훈련을 리드하는 경우가 많습니다. 예를 들어 km당 5분 주로 달리다가 4분 55초로 속도를 올리고 4분 50초대로 러닝을 마무리하는 식입니다. 속도를 올리기 위해 보폭을 늘리면(스트라이드 주법) 부상을 입는 경우가 많습니다. 그보다 스텝을 빠르게 달리는(케이던스를 올리는) 방법이 부상의 위험을 낮춰줍니다.

칼럼 ⑩ 장거리 달리기의 착지법

착지할 때 발바닥의 어느 부분이 지면에 먼저 닿는지에 따라 뒤꿈치 착지(힐 스트라이크, 힐풋)와 발 볼 착지(미드풋, 포어풋)로 구분합니다. 어느 방법이 가장 좋은 방법인지에 대해서는 아직 논란이 많습니다. 전통적으로 뒤꿈치 착지법이 대세였으나 요즘 러닝 클래스에서는 미드풋이나 포어풋으로 지도하는 경우가 많습니다. 하지만 무리하게 착지법을 변경하려다가 부상을 입는 러너들도 많습니다. 그러므로 생활 러닝(Recreation Running)을 하시는 분들은 자기 신체 조건에 맞는 편안한 착지법으로 달리고, 기록 단축을 목표로 하시는 분들은 전문적인 러닝 클래스에서 가속을 위한 착지법을 체계적으로 훈련받으시기 바랍니다.

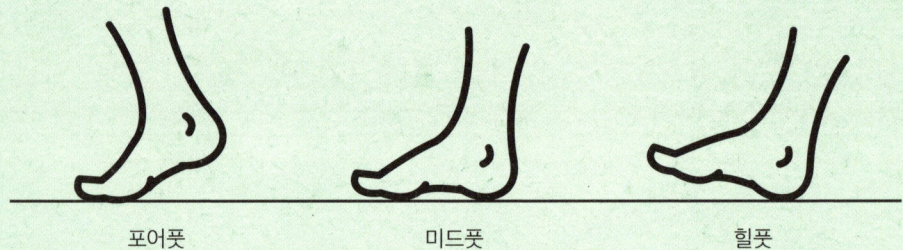

포어풋　　　　　미드풋　　　　　힐풋

칼럼 ㊸ 마라톤 풀코스 대회 준비물 리스트와 비 올 때 추가로 준비해야 할 준비물

풀코스 대회 개최일이 다가오면 대회 당일에 최고의 능력을 발휘할 수 있는 컨디션을 만들어야 합니다. 사전에 수 개월간의 충분한 훈련은 기본입니다. 대회 일주일 전부터는 카보 로딩(Carbo-loading; 근육 내 탄수화물 축적)과 같은 식이요법을 하기도 합니다. 다만 갑작스레 바뀐 식습관으로 오히려 탈이 나는 경우도 빈번하니 주의해야 합니다. 대회 당일은 경기에 우호적이지 않은 날씨, 감기와 같은 좋지 않은 신체 컨디션 등 예상치 못한 돌발 상황이 발생합니다. 경험이 축적될수록 이러한 돌발 상황에 대응하는 능력도 커집니다.

아래는 제가 풀코스 대회 전날 준비하는 물품들입니다. 저의 개인적인 준비 목록이므로 참고하셔서 여러분의 상황에 맞게 가감하시면 됩니다.

☐	짐 보관 백(Bag)	메이저 대회는 대부분 지급합니다.
☐	배번	가장 중요한 준비물입니다. 미리 경기복에 부착해 두면 좋습니다.
☐	기록 측정 칩	신발에 부착. 배번 뒤편에 부착된 경우도 있습니다.
☐	모자	맑은 날에는 선바이저 모자가, 비 오는 날에는 위쪽이 막힌 모자가 좋습니다.
☐	고글	양쪽 안경다리가 머리를 장시간 조여 두통이 오는 경우도 있습니다. 미리 확인하세요.
☐	경기복	예상되는 날씨에 맞게 준비. 긴팔, 긴바지는 불편한 경우가 많습니다. 추워도 반팔, 반바지를 착용합니다. 대부분의 경우 달리다 보면 더워집니다.
☐	양말	발가락 양말을 추천합니다. 면 혼용률이 높은 양말은 경기용으로 착용하지 않습니다. 면 재질은 젖게 되면 피부와의 마찰이 심해서 발에 물집이 생길 확률이 높습니다.
☐	장갑	추울 때 착용합니다.
☐	힙색(Hip sack)	스마트폰, 파워젤, 아미노바이탈 등을 수납합니다.
☐	손목 밴드	땀 닦는 용도입니다. 주머니에 손수건을 소지하는 것도 좋습니다.

☐	바셀린 또는 쓸림 방지 스틱	마찰되는 피부 부위에 윤활 작용을 합니다. 바셀린은 비를 튕겨내는 방수 효과, 추운 날씨에는 방한 효과가 있습니다. 추운 날씨에 배에 바르면 배가 차가워지는 걸 막아줍니다.
☐	선크림	햇볕에 얼굴은 물론 귀와 목덜미도 많이 탑니다. 눈 위쪽에 바르면 흐르는 땀에 선크림이 눈에 들어가 아주 따갑습니다.
☐	니플 밴드 (Nipple band)	남성에게 필요합니다. 상의가 젖은 채로 오래 마찰되다 보면 유두에서 피가 흐르는 경우가 있습니다.
☐	여분의 옷	대회 종료 후 체온 유지용으로 입을 옷. 트레이닝복, 반팔 면티, 속옷 등을 준비하세요.
☐	일회용 우비	추운 날 스타트 라인 대기 시 착용. 입고 달리다가 몸이 더워지면 도로 옆쪽에 버립니다.
☐	휴대식	파워젤, 아미노바이탈, 마그네슘제, 포도당 등 영양 보충 식품을 준비합니다.
☐	챕스틱	추울 때 준비하세요.
☐	휴대용 티슈, 물티슈	대회 종료 후에 화장실 세면대 이용이 어려운 경우 땀 닦는 용도로 사용합니다.
☐	스프레이 파스	국내 대회 출발 직전/골인 후에 허벅지, 무릎, 종아리, 발목에 뿌리면 좋습니다. 외국 대회 참가 시는 비행기에 가지고 탈 수 없습니다. 수하물로 부쳐야 합니다. 진통·소염 로션은 사용 후 손을 닦아야 하는 불편함이 있습니다.
☐	슬리퍼	피니시 라인 통과 후에는 러닝화를 빨리 벗고 싶습니다.
☐	신용카드, 현금 등 지불 수단	중도 포기 시(DNF; Did Not Finish)에 대중교통이나 택시로 짐 보관 장소까지 가야 합니다.
☐	보조 배터리	대회 종료 후 스마트폰을 많이 사용합니다.
☐	안경	눈이 나쁠 경우 준비합니다.

비 올 때 추가로 준비해야 할 것들

마라톤 대회는 비가 와도 개최됩니다. 참가 신청한 마라톤 대회가 열리는 날에 비 예보가 있다면 기본 준비물에 아래 품목들을 추가해 주세요.

☐	발수성이 좋은 기능성 의류	러닝 의류의 발수 성능은 브랜드마다 다르기 때문에 잘 선택해야 합니다. 어떤 브랜드는 빗물이나 땀을 오래 머금고 있어서 불편함을 느끼는 반면 어떤 브랜드는 그 정도가 덜합니다. 비가 오더라도 '이 정도면 입을 만하다'라고 직접 검증한 옷을 평소에 한두 개 정도 확인해 두었다가 대회 당일에 착용하세요.

☐	경기 종료 후 체온 유지용 의류	비에 온몸이 다 젖습니다. 속옷, 반팔, 트레이닝복, 겉옷, 면양말 등을 준비하세요.
☐	수건	큰 사이즈로 준비하세요
☐	모자	모자의 챙은 안면으로 바로 떨어지는 빗줄기를 어느 정도 가려 줍니다. 그리고 정수리 위쪽으로 떨어지는 빗물도 천천히 흐르게 합니다. 모자가 없으면 정수리에서 눈 위쪽으로 빗물이 흘러서 달릴 때 매우 불편합니다.
☐	우산	귀가할 때 사용합니다.
☐	신발	고어텍스 재질의 신발은 일반 러닝화보다 덜 젖는 편입니다.
☐	발가락 테이핑	평소에 물집이 반복해서 생기는 발가락을 테이프로 감아줍니다. 발가락에 씌우는 골무 모양의 실리콘도 대안입니다. 또 달리기를 시작하기 전에 발가락에 십자 모양으로 테이핑하면 발톱이 빠지지 않습니다. 너무 딱 맞게 신발을 신어도 발톱이 빠질 수 있어요. 러닝 중에는 족궁이 미세하게 눌리고 펴지기를 반복하기 때문에 발가락이 신발의 토박스 앞부분과 마찰이 빈번해지면서 피가 나거나 심하면 발톱이 빠지기도 합니다. 신발은 반드시 평상화보다 5mm 정도 크게 신어야 해요.
☐	바셀린	바셀린은 오일 성분이기 때문에 물이 닿으면 불편해지는 신체 부위에 바르면 물을 튕겨냅니다.

우스갯소리를 하나 하자면, 우중주 대회가 좋은 면도 있어요. 아무래도 비가 오면 불참자가 많아집니다. 그래서 소위 '빈집 털이'가 가능해집니다. 제 지인 한 분도—선수 출신이 아닌 아마추어 러너—2013년에 개최된 모 대회에서 여자부 30대 2등을 했어요. 이날 새벽에 비가 많이 왔는데 불참자가 많았습니다. 큰 대회는 아니었지만 그분은 자기가 체육으로는 처음 받은 상이라며 그날 점심을 샀어요. 지금은 러닝 인구가 많이 늘어서 수상이 쉽지 않겠지만 그래도 달리기에 자신 있다고 생각하는 분들은 비 오는 대회를 노려 보시기 바랍니다.

interview

러너의 부상 원인과 예방

저와 함께 2023년 동아마라톤을 달리셨습니다. 기록이 어떻게 나왔죠?

3시간 38분 43초였습니다.

좋은 기록으로 여유롭게 서브4(풀코스 마라톤을 4시간 이내로 달리는 것) 하셨네요. 아울러 한국 3대 메이저 마라톤을 모두 완주하신 것 축하드립니다.

감사합니다.

최근에 러닝 붐을 타고 달리기를 시작한 젊은이들이 많습니다. 이분들이 러닝을 시작하면서 부상 예방에 대한 기본 지식을 갖추고 러닝을 즐기면 좋겠다고 생각했습니다. 그래서 선생님께 부상을 입지 않고 건강하게 달리는 방법에 대한 조언을 부탁드리려고 해요.

우선 '통증'의 의미를 알려드릴게요. 우리 몸은 관절이나 구조물들에 이상이 생기면 뇌로 신호를 보냅니다. 염증 과정을 통해 신경을 따라 중추신경으로 전달되어 통증을 각인하게 하는 것입니다. 즉 통증은 몸이 무엇인가 잘못되어 정상 상태에서 벗어났다고 뇌에 보내는 신호이자, 증상이 더 악화되지 않도록 하는 방어 체계이므로 부정적으로만 볼 것이 아니라 경고로 인식하고 주의 깊게 살펴야 합니다.

그러면 러너의 부상은 어떻게 정의할 수 있을까요?

'적어도 7일 동안 혹은 3일 연속으로 운동에 제한을 받는 하지의 근골격계 통증'이라고 정리한 논문이 있습니다.

(A Consensus Definition of Running-Related Injury in Recreational

이시훈

헤세드 신경외과의원 원장
@ns.sihoone

Runners: A Modified Delphi Approach, 2015, Yamato 등)

부상의 주된 원인은 강도, 빈도, 훈련량의 증가, 즉 과도한 사용입니다. 러닝 주법도 영향을 주고요. 하지(下肢)와 족부(足部)에 부적절한 스트레스가 가해지면 근골격계의 이상을 초래합니다. 결국 통증으로 이어지게 되죠.

주변에서 부상을 입은 동료 러너들을 보면 부상 부위가 매우 다양합니다.

근골격계가 워낙 역동적이고 복잡하게 작용하기 때문에 하나의 관절에 문제가 생기면 다른 부위로 파급되기도 하고, 한 근육에 이상이 생겼을 때 제때 회복되지 못하면 주변의 구조물들이 부담을 나누어 받으면서 통증이 연쇄적으로 퍼질 수 있습니다. 부상의 양상은 개인에 따라 너무 다양해서 개별적으로 접근해야 합니다.

무릎이 아프다, 족저근막염이다, 허리(골반)가 아프다, 아킬레스 건염이다, 정말 통증이 다양합니다. 저도 작년에 선생님께 신스플린트 치료를 받았죠. 달리기 하면서 병원을 찾은 건 9년 동안 처음이었습니다.

부상 부위만 해도 발바닥(족저근막염), 뒤꿈치(아킬레스건염,) 정강이(신스플린트), 가장 큰 하중을 받는 관절인 무릎(슬개건염, 장경인대증후군, 햄스트링 부상, 거위발건염), 골반, 허리 등 다양합니다. 반복되는 마찰이나 체중부하, 불균형 등이 부상을 야기합니다.

부상 치료에 기본이 되는 원칙이 있나요?

네, 흔히 R.I.C.E.라고 불리는 기본 치료법이 있습니다. 부기(浮氣)를 줄이고 통증을 완화하며 치유 속도를 높이는 데 도움을 줍니다. 첫 번째는 Rest(휴식)입니다. 회복과 추가 부상을 예방하기 위해서는 쉬어야 합니다. 두 번째는 Icing(냉찜질)입니다. 얼음찜질은 열을 식혀주고 통증과 부기 감소, 젖산의 분해를 돕습니다. 지연성 근육통의 감소와 근경련 예방에도 도움을 줍니다. 세 번째는 Compression(압박)입니다. 부기를 방지하고 혈액 순환을 촉진합니다. 네 번째는 Elevation(거상)입니다. 아픈 부위를 심장보다-어렵다면 중력에 반하여-높이 올리는 것으로 감압과 진통 효과가 있습니다.

예방은 최선의 치료라고 합니다. 러닝 부상을 예방하는 방법에는 어떤 것들이 있을까요?

운동 전에 스트레칭, 웜업(Warm up; 몸의 열을 올려 관절을 부드럽게 함)은 반드시 해야 합니다. 운동 후에는 쿨다운(Cool down)을 하고, 아이싱과 폼롤러 마사지를 해주세요. 운동과 운동 사이에는 보강 운동을 하여 관절을 움직이게 만드는 힘줄과 근육을 단련합니다. 운동 중에 압박 보호대 착용이나 테이핑하는 것도 부상 방지에 도움이 됩니다. 평소에 스트레칭과 근력 보강 운동을 부지런히 하는 러너들은 잔부상이 있기는 하지만 큰 부상이 적은 편입니다. 그런데 러닝을 시작한 지 얼마 되지 않았음에도 체계적으로 훈련하지 않고 열정이 앞서서 강도만 높여 달리는 러너들은 부상이 빨리 옵니다. 그리고 오랫동안 잘 낫지 않습니다.

'1일 1러닝'에 대한 선생님의 의견을 듣고 싶어요.

한 논문에서 'Rules of too's'라는 말을 접했습니다. 너무 자주, 너무 센 강도로, 많은 운동을 하고 치료나 재활은 너무 늦게 시작하면 부상을 입을 가능성이 크다는 것입니다. 내 몸 상태와 운동 능력을 객관적으로 평가하고 '나는 남과 다를 것이다', '저 사람은 아파도 나는 안 아플 것이다'라는 착각에서 벗어나야 합니다. 우리 몸은 아주 정직하기 때문에 투자한 시간과 노력만큼 효과를 얻고 무시하는 만큼 대가가 따라옵니다. 통증이 생기면 '시간이 지나면 좋아지겠지' 생각하지 말고 병원 치료나 재활을 통해 회복하는 것이 필요합니다. '1일 1러닝'이라는 달리기 중심의 습관보다는 달리기와 보강 운동, 회복 운동을 세트로 생각하여 습관화하는 것이 좀 더 바람직한 것 같습니다.

저는 하루 달리면 다음 날은 되도록 쉬려고 해요.

잘하고 계시네요. 스트레칭과 보강 운동의 습관화—근력이 약하면 부상 발생 가능성이 커집니다—그리고 밸런스 유지와 강약 조절, 이것이 러너가 지켜야 할 기본 원칙이 아닐까 생각합니다.

달리고 싶다는 열정만 가지고 줄기차게 달리는 것보다는 부상을 간과하지 말고 내 몸을 살피면서 오랫동안 건강하게 달려야겠습니다. 오늘 귀한 시간 내주셔서 감사합니다.

감사합니다.

에필로그

《구석구석 서울 런》 초판 발행 3주년 기념 편집자-인터뷰이 4인 특별 대담

달리기는 인생을 어떻게 변화시키는가?

일시: 2026. 9. 5.

장소: 문정동 마호빌딩 7층 회의실

대담자:

- 심지연 – 《구석구석 서울 런》(2023) 편집자. 마호출판그룹 대표
- 신철규 – 크루고스트 로드 러너스(CrewGhost Road Runners) 재단 이사장
- 송주백 – 유튜브 채널 〈런업TV〉 운영자. Gold Creator Award 수상(구독자 100만 명)
- 최민주 – 연세밝은피부과의원 원장
- 이시훈 – 클리닉 포 러너스(Clinic For Runners) 메디컬 센터장

심지연: 안녕하세요, 반갑습니다. 그동안 어떻게 지내셨는지 말씀해 주시겠어요?

최민주: 저는 2023년 JTBC서울마라톤에서 작가님이 페이서를 해주셔서 무사히 첫 풀 마라톤을 완주했습니다. 이후 매년 봄, 가을에 풀 마라톤을 달리고 있어요. 올해 연령대 공인 기록이 충족되어 보스턴마라톤에 참가 신청을 했고요.

신철규: 크루고스트 러닝 크루(이하 크고)의 사회 공헌 활동이 많이 알려졌어요. 자원봉사로 성심성의껏 돕겠다는 분들도 늘어났어요. 그래서 좀 더 체계적으로 사회에 넓고 깊게 기여해 보자고 결심해서 2025년에 '크루고스트 로드 러너스'를 만들고, 가을에 마라톤 대회도 개최했어요. 올해 대회에는 더 많은 외국인이 참가를 위해 한국에 올 것 같습니다. 수익금은 초·중·고 육상부 물품 지원, 유기견 보호센터 지원에 사용할 예정입니다.

이시훈: 병원에 부상으로 찾아오시는 러너들이 많아져서 작년에 러너들의 부상 치료를 위한 전문 병원을 개원했습니다. 치료와 더불어 매주 1회 선수 출신 러닝 코치를 모시고 올바른 러닝 주법에 대한 오픈 강의도 무료로 열고 있어요.

송주백: 제가 설계에 참여한 입문자용 올라운드(All-round) 러닝화 '런린(RunRin)'의 반응이 아주 뜨겁습니다. 훈련용으로도 적합하고 하프 코스(21.2km) 이하 거리의 대회에 신고 나가도 기록이 잘 나오는, 부상 걱정 없는 러닝화라고 알려지면서 러닝 초심자분들이 많이 찾고 있어요. 2022년 론칭한 러닝 클래스 〈언터처블〉은 풀 마라톤에 처음으로 도전하는 분들을 위한 러닝 클래스인데 코치진이 열 명이 넘습니다. 과학적인 훈련을 통해 제대로 달리자고 생각하는 분들이 많아서 매년 신청자가 늘고 있어요. 대부분 목표한 기록보다 더 좋은 기록으로 완주합니다.

심지연: 혹시 근래에 작가님을 만난 분 계신지요?

최민주: 2025 춘천마라톤을 달릴 때 의암호 업힐 구간 주로(走路)에서 작가님을 만났어요. 놀랍게도 백발의 포니 테일 머리를 하고 계셨어요. (웃음) 춘천마라톤 명예의 전당에 오르고 싶다고 하시더라고요. 춘천마라톤 10회 완주자는 명예의 전당에 등재된다고 해요. 그전에도 작가님과 서울에서 몇 번 같이 달렸는데 '1타 5궁 런'의 새로운 버전이 나왔을 때 함께 달리지 않겠느냐 연락이 왔었어요. 댕댕 런(강아지 그림을 그리는 GPS 런)도 했고, 서울에 있는 유서 깊은 성당을 연결해 달려보자고 하셔서 절두산성당부터 새남터성당, 예수성심성당, 약현성당, 명동성당까지 달렸습니다. 러닝이 끝나고 근처의 베이커리 카페에서 유행한다는 빵도 같이 먹었습니다. 그러고 보니 마지막으로 뵌 게 3개월이 넘었네요. 지금은 부산에서 러닝 코스를 설계하고 계시려나. (웃음)

신철규: 재작년에 군산 비응항에서 새만금방조제(약 10km 거리의 직선 코스)를 따라서 선유도 몽돌해수욕장까지 달려서 가볼 예정이라고 연락이 왔어요. 예전에 작가님하고 시화방조제 10km 직선 코스를 달려본 적이 있어서 생각이 나셨나 봐요. 작년 12월까지 크고에 꾸준히 나오셨어요. 그런데 올 초에 갑자기 "나도 러닝 크루를 만들어 운영해 보겠어. 부산에서."라고 하시더니 '식스티(Sixty) 러닝 크루'를 만들어야겠다, 60살이 넘어도 충분히 러닝을 시작할 수 있다는 걸 알리고, 60살 런린이('러닝 초심자'의 속어)를 위해 일하고 싶다'고 하셔서 응원한다, 적극 도와드리겠다고 했습니다. 왜 부산이냐고 여쭤봤더니 그곳에 커피가 맛있는 곳이 많다고 하셨어요. 크고 출신들이 독립해서 많은 크루를 만들었는데 가장 올드한(웃음) 크루인 것 같아요.

이시훈: 2024년 가을에 무릎 통증을 치료하러 한 달 정도 병원에 오셨어요. 증상을 보니 거위발건염이었습니다. 3주 후에 JTBC서울마라톤에 참가해야 하는데 달릴 때 통증이 있어서 걱정이라고 하셨어요. 부지런히 치료받고 대회에 참가하셨는데 큰 통증 없이 잘 달렸다고 하시더군요. 기록도 3시간 33분 33초가 나왔다고, 기록에 3이 다섯 개나 있다고, 신기하지 않냐고 껄껄 웃으셔서 저도 따라 웃었던 기억이 있습니다. 제가 진료가 많아져서 크고에 자주 나가지는 못했는데, 어느 날 요가를 시작했다고 말씀하시더라고요. 보강 운동으로 아주 좋은 것 같다고, 실제로 요가를 시작한 이후에 달리기가 한결 편해졌다고 했어요. 이후에 서울숲에서 정기적으로 열리는 '달리고 요가하는 클래스'에 몇 차례 함께 가기도 했습니다.

송주백: 2024년 봄에 로테르담마라톤을 완주했다는 소식을 전해주셨어요. 브룩스 하이페리온 맥스를 신고 달리셨는데 비가 왔음에도 3시간 40분의 기록이 나왔다고 좋아하셨어요. 저는 2023년 가을에 베를린마라톤을 달렸고, 올해 도쿄마라톤을 끝으로 6대 마라톤을 모두 완주했습니다. 지금 작가님은

어디 계시려나? '호수는 태양, 나는 행성'이라고 시구(詩句) 같은 말을 되뇌면서 경포 호수를 한 바퀴 달리고 계실지도 모르겠군요.

심지연: 저에게는 작년에 편지로—손 편지였습니다!—킬리만자로에 올라보고 싶다고, 그렇게 하려면 부지런히 등산을 해야 한다고 말씀하셨어요. '우리나라는 산이 많아서 훈련하기에 더없이 좋아요. 그런데 고산병 극복 훈련은 어디서 해야 할까요? 하하' 라는 물음에 '작가님, 약속하신 세 번째 책 원고를 주시면 알려드릴게요'라고 답장을 드렸습니다. (웃음)

오늘 여러분들을 모신 건 〈달리기는 인생을 어떻게 변화시키는가?〉라는 주제로 이야기를 나누고 싶어서입니다. 정말 달리기는 인생을 변화시킬 수 있을까요?

송주백: 유튜브 콘텐츠를 제작하다 보면 많은 러너를 만나게 됩니다. 특히 러닝 크루를 만나면 뭐랄까 어떤 힘 또는 강인함 같은 것들이 느껴져요. 많은 러너가 모여서 함께 달릴 때 서로를 독려하고, 웃게 하고, 자발적으로 동료들을 도와줍니다. 번아웃된 직장인의 모습과는 완전히 다른 모습이에요.

이시훈: 예전보다 자신의 몸을 바라보는 관점이 달라진 것 같아요. 과거에는 우연히 달리기에 '꽂혀서' 내 몸을 돌보지 않고 기록 달성에만 연연하다가 부상을 입고 통증을 호소하고, 달리지 못해 우울해하면서 러닝을 접고 강제로 다른 운동으로 전환한 러너들이 많았어요. 지금은 달리기를 시작하면서 러닝 클래스에서 체계적으로 올바른 러닝 자세를 배우고 자신의 몸을 살펴가면서 달리기를 하는 분들이 많아졌어요. 러너들이 자주 입는 부상에 대해서도 많이 알고 계셔서 몸에 이상 신호가 오면 휴식하면서 치료하러 오십니다. 저는 '휴식도 훈련이다'는 말에 완전히 동의합니다. 부상 없이 100세까지 달리기를 꾸준히 할 수 있다면 분명히 인생은 좋은 방향으로

갔다고 할 수 있지 않을까요?

최민주: 저는 2023년 여름부터 트레일 러닝을 시작했어요. 물론 그전부터 러닝은 계속하고 있었는데, 트레일 러닝은 또 다른 매력이 있었어요. '기본 수학의 정석'과 '실력 수학의 정석'의 차이 같은 느낌이랄까.(웃음) 자연 속을 달린다는 게 너무 좋아요. 트레일 러닝의 가장 좋은 점 중 하나는 숲을 달리기 때문에 한여름에도 피부가 햇볕에 덜 탄다는 거예요.(웃음) 제가 산을 달린다는 건 정말 꿈에도 생각하지 못했던 일입니다. 무엇보다 가장 뿌듯한 점은 제 인생의 반경이 점점 확장되어 간다는 것이에요. 걷기가 러닝으로, 러닝이 트레일 러닝으로 확장되듯이 내 삶의 다른 영역도 계속 확장될 수 있다는 확신과 자신감이 생겼어요.

신철규: 저는 달리기가 개인의 인생뿐 아니라 사회도 변화시킬 수 있다고 생각합니다. 달리기는 사회를 건강하게 만들 수 있어요. 크루고스트가 '러닝은 문화다'라는 슬로건을 채택한 이유이기도 합니다. 지금은 많은 이들의 인식에 '러닝 문화' 또는 '문화 러닝'의 씨앗은 심어졌다고 생각합니다. 앞으로 물과 햇빛과 정성으로 무럭무럭 자라게 하면 됩니다. 물론 재미있게 말이죠.

심지연: 작가님의 첫 번째 책 〈구석구석 서울 런〉을 읽고 달리기에 입문하고 런태기(달리기+권태기)를 극복했다는 분들이 많았어요. 저희 가족도 이 책 덕분에 러닝 가족이 되었고요. 다음에 나올 작가님의 책도 러너들에게 도움이 될 이야기가 가득 담길 예정입니다.
　바쁘신 와중에도 초대에 응해주신 네 분께 진심으로 감사드립니다. 계속 즐겁게 달리는 생활을 이어가시길 바랍니다.

최민주, 신철규, 이시훈, 송주백: 감사합니다.

괜찮아요,
오늘도 달렸잖아요.

부록

지하철 런 (2023. 8. 13 현재)

코스	호선	역	역 수	거리(km)	랜드마크
1	2, 3, 6, 우이신설선	신설동, 보문, 창신, 동묘앞, 신당, 청구, 약수, 동대입구, 충무로, 명동, 시청, 을지로입구, 을지로 3가	13	11.2	보문사, 정업원 터, 신당동 떡볶이 타운, 태극당, 한국은행
2	5	아차산, 군자, 장한평, 답십리, 마장, 왕십리, 행당, 신금호, 청구, 동대문역사문화공원, 을지로4가	11	11.45	광희문, 동대문디자인플라자(DDP)
3	1	온수, 오류동, 개봉, 구일, 구로, 신도림, 영등포	7	10.2	고척 스카이돔, 안양천
4	3	구파발, 연신내, 불광, 녹번, 홍제, 무악재, 독립문, 경복궁, 안국, 종로3가	10	13.54	서대문 형무소, 독립문, 경복궁, 인사동, 운현궁
5	3	약수, 금호, 옥수, 압구정, 신사, 잠원, 고속터미널	7	10.09	압구정 터, 한강
6	7	건대입구, 뚝섬유원지, 청담, 강남구청, 학동, 논현	6	7.25	한강
7	9	종합운동장, 봉은사, 삼성중앙, 선정릉, 언주, 신논현	6	7.28	코엑스, 종합운동장, 탄천
8	2	신도림, 대림, 구로디지털단지, 신대방	4	14.95	보라매 공원
9	6	응암, 역촌, 불광, 독바위, 연신내, 구산	6	12.43	불광천, 은평한옥마을
10	2	신당, 동대문역사문화공원, 을지로4가, 을지로3가, 을지로입구, 시청, 충정로, 아현, 이대	10	8.64	시청앞 광장, 덕수궁, 충무아트센터, 광희문, 이화여자대학교ECC

코스	호선	역	역 수	거리(km)	랜드마크
11	5	방화, 개화산, 김포공항, 송정, 마곡, 발산, 우장산, 화곡, 까치산, 신정, 목동, 오목교	12	12.31	김포공항
12	4	남태령, 사당, 이수, 동작, 이촌, 신용산, 삼각지	7	9.53	한강, 전쟁기념관, 아모레퍼시픽 사옥
13	8	암사, 천호, 강동구청, 몽촌토성, 잠실, 석촌, 송파, 가락시장, 문정, 장지, 복정	11	13.14	풍납토성, 올림픽공원, 석촌호수
14	4	당고개, 상계, 노원, 창동, 쌍문, 수유, 미아, 미아사거리, 길음, 성신여대입구, 한성대입구, 혜화, 동대문, 동대문역사문화공원, 충무로, 명동, 회현, 서울역, 숙대입구, 삼각지	20	25.4	우이천(아기공룡 둘리), 미아리고개, 대학로 마로니에공원, 동대문(흥인지문), DDP, 서울로7017, 문화역서울284(구 서울역)
15	2	까치산, 신정네거리, 양천구청, 도림천, 신도림, 문래, 영등포구청, 당산, 합정	9	14.53	문래동 핫플레이스, 안양천, 양화대교
16	3	오금, 경찰병원, 가락시장, 수서, 일원, 대청, 학여울, 대치, 도곡, 매봉, 양재, 남부터미널, 교대, 고속터미널	14	18	가락시장, 탄천, 양재천, SETEC, 삼성서울병원, 말죽거리(양재), 예술의전당, 서울 교육대학교, 고속터미널
17	6, 2	응암, 새절, 증산, 디지털미디어시티, 월드컵경기장, 마포구청, 망원, 합정, 홍대입구, 신촌, 이대	11	11.92	불광천, 월드컵경기장, 홍제천, 망원시장, 경의선숲길, 신촌 홍익문고
18	9	개화, 김포공항, 공항시장, 신방화, 마곡나루, 양천향교, 가양, 증미, 등촌, 염창, 신목동, 선유도, 당산	13	15.43	김포공항, 서울식물원, 안양천
19	경의중앙선	서울역, 신촌, 가좌, 디지털미디어시티, 수색, 홍대입구, 서강대, 공덕	8	18.35	서소문건널목, 이화여대, 연세대, 불광천, 연트럴파크(연남동), 경의선숲길, 경의선 책거리

코스	호선	역	역 수	거리(km)	랜드마크
20	2	신설동, 용두, 신답, 용답, 성수, 뚝섬, 한양대, 왕십리, 상왕십리, 신당	10	14.77	성북천, 정릉천, 청계천, 중랑천, 드라마〈도깨비〉촬영지(용답역), 성수동 대림창고, 살곶이다리
21	9	신논현, 사평, 고속터미널, 신반포, 구반포, 동작, 흑석, 노들, 노량진, 샛강, 여의도, 국회의사당, 당산	13	15.98	국립현충원, 한강대교, 사육신묘, 노량진 컵밥거리, 여의도공원, 국회의사당
22	9	중앙보훈병원, 둔촌오륜, 올림픽공원, 한성백제, 송파나루, 석촌, 석촌고분, 삼전, 종합운동장	9	10.4	한국체육대학교, 한성백제박물관, 소마미술관, 석촌동 고분군
23	우이신설선	북한산우이, 솔밭공원, 4·19민주묘지, 가오리, 화계, 삼양, 삼양사거리, 솔샘, 북한산보국문, 정릉, 성신여대입구, 보문, 신설동	13	18.83	솔밭공원, 우이천, 덕성여자대학교, 4·19민주묘지, 화계사, 서경대학교, 정릉, 성북천
24	7	장암, 도봉산, 수락산, 마들, 노원, 중계, 하계, 공릉, 태릉입구, 먹골, 중화, 상봉, 면목, 사가정, 용마산, 중곡, 군자, 어린이대공원, 건대입구	19	23.04	도봉산, 평화문화진지, 중랑천, 서울창포원, 당현천, 서울시립북서울미술관, 경춘선숲길, 어린이대공원, 세종대, 건국대
25	수인분당선	복정, 수서, 대모산입구, 개포동, 구룡, 도곡, 한티, 선릉	8	11.54	탄천, 양재천
26	5	하남검단산, 하남시청, 하남풍산, 미사, 강일, 고덕동, 명일, 굽은다리, 길동, 강동, 둔촌동, 올림픽공원, 방이, 오금, 개롱, 거여, 마천	17	21.3	미사 호수공원, 수도권 제1순환고속도로, 고덕천, 천호동, 올림픽공원
27	수인분당선	청량리, 왕십리, 서울숲, 압구정로데오, 강남구청, 선정릉, 선릉	7	13.91	중랑천, 서울숲, 언더스탠드에비뉴, 한강, 압구정 로데오거리, 선릉과 정릉(세계유산 조선왕릉)

코스	호선	역	역 수	거리(km)	랜드마크
28	1, 3	도봉산, 도봉, 방학, 창동, 녹천, 월계, 광운대, 석계, 신이문, 외대앞, 회기, 청량리, 제기동, 신설동, 동묘앞, 동대문, 종로5가, 종로3가, 을지로3가	19	26.74	하천(도봉천, 중랑천, 정릉천, 성북천, 청계천), 극장(단성사1907, 피카디리1958, 서울극장1964, 명보극장1957), 시장(광장시장, 경동시장), 역사유적(종묘, 흥인지문, 동묘), 세운상가, 한국외국어대학교, 경춘선숲길, 휘경4건널목, 이마트월계점(녹색사슴 조형물), 청량리역 광장 시계탑
29	1	영등포, 신길, 대방, 노량진, 용산, 남영, 서울역, 시청, 종각, 종로3가	10	14.69	한강대교, 노량진 학원가, 노들섬, 서울스퀘어(대우빌딩), 문화역서울284(구 서울역), 숭례문, 청계천, 보신각, 탑골공원, 시청 앞 광장
30	1, 7	온수, 천왕, 광명사거리, 철산, 가산디지털단지, 독산, 금천구청	7	10.96	목감천, 광명시장, 안양천, 마리오아울렛
31	공항철도	김포공항, 마곡나루, 디지털미디어시티, 홍대입구, 공덕, 서울역	6	22.64	김포공항 국내선, 서울식물원, 한강, 상암MBC, 불광천, 홍제천, 경의선숲길(연트럴파크), 산울림소극장, 손기정기념관
32	1, 7	구로, 가산디지털단지, 남구로, 대림, 신풍, 보라매, 신대방삼거리, 장승배기, 상도,숭실대입구, 남성, 이수, 내방, 고속터미널	14	20.3	숭실대, 총신대, 서리풀터널, 대법원, 누에다리, 국립중앙도서관
33	5	오목교, 양평, 영등포구청, 영등포시장, 신길, 여의도	6	5.4	안양천, 영등포시장, 샛강
34	6	합정, 상수, 광흥창, 대흥, 공덕, 효창공원앞, 삼각지, 녹사평, 이태원, 한강진, 버티고개, 약수	12	11.85	삼각지 대구탕 골목, 전쟁기념관, 드라마 〈이태원 클라쓰〉 촬영지(녹사평 육교, 단밤), 이태원 이슬람 사원, 블루스퀘어, 리사르 커피

코스	호선	역	역 수	거리(km)	랜드마크
35	경의중앙선	양원, 망우, 상봉, 중랑, 회기, 청량리, 왕십리, 응봉, 옥수, 한남, 서빙고, 이촌, 용산, 효창공원앞, 공덕	15	24.77	중랑천, 청계천, 한강, 잠수교, 용산가족공원, 국립중앙박물관
36	5	여의도, 여의나루, 마포, 공덕, 애오개, 충정로, 서대문, 광화문, 종로3가, 을지로4가	10	13.81	더현대서울, 여의도 한강공원 이벤트광장, 한강, 마포대교, 이화여자고등학교, 돈의문터, 경희궁, 서울역사박물관, 한글학회, 광화문광장, 3·1독립선언광장, 낙원악기상가, 세운상가, 청계천
37	신분당선, 5, 7	청계산입구, 양재시민의 숲, 양재, 강남, 논현, 반포, 고속터미널, 강동, 천호, 광나루, 아차산	11	14.44	여의천, 양재천, 교보타워, 서울고속버스터미널, 압구정나들목, 한강시민공원, 풍납토성, 강풀만화거리, 한강, 어린이대공원
38	2	신대방, 신림, 봉천, 서울대입구, 낙성대, 사당, 방배, 서초, 교대, 강남, 역삼	11	13.7	도림천, 샤로수길, 남부순환로, 청권사(효령대군 묘소와 사당), 삼성전자 서초 사옥
39	6, 경춘선	광운대, 상봉, 망우, 신내, 봉화산, 화랑대, 태릉입구, 석계, 돌곶이, 상월곡, 월곡, 고려대, 안암, 보문, 청량리, 회기, 중랑, 상봉	18	26.4	중랑천, 경춘선숲길, 돌곶이(석관) 유래석, 정릉천, 고려대학교, 성북천, 서울약령시, 청량리역 시계탑
40	2	역삼, 선릉, 삼성, 종합운동장, 잠실새내, 잠실, 잠실나루, 강변, 구의, 건대입구, 성수	11	14.66	포스코, 코엑스, 롯데월드타워, 한강, 잠실 철교
41	신림선	관악산, 서울대벤처타운, 서원, 신림, 당곡, 보라매병원, 보라매공원, 보라매, 서울지방병무청, 대방, 샛강	11	9.07	관악산, 도림천, 보라매공원, 샛강

코스	호선	역	역 수	거리(km)	랜드마크
42	신분당선	강남, 신논현, 논현, 신사 (2022.5.28 개통)	4	2.1	영동전통시장, 신사동 아구찜 골목
전체			446	606.94	

27개 테마로 재밌게 달리는
구석구석 서울 런

초판 1쇄 발행 2023년 9월 5일

지은이	펴낸이	이메일
성상현	성상현	editor@MusicArtSports.com
삽화	편집	홈페이지
윤예지	심지연	MusicArtSports.com
디자인	펴낸곳	인스타그램
로컬앤드	음미체	@MusicArtSportspub
	출판등록	
	2018년 3월 23일	

ⓒ성상현, 2023

ISBN
979-11-984276-9-4 03690

※이 책은 저작권법에 따라 보호받는 저작물이므로 저작권자와 출판사의 허락 없이
　이 책의 내용을 복제하거나 다른 용도로 쓸 수 없습니다.
※책값은 뒤표지에 있습니다. 잘못된 책은 구입한 곳에서 교환해 드립니다.